THE THING ABOUT LIFE IS THAT ONE DAY YOU'LL BE DEAD

人都會死──
所以我們知道如何活著

獻給我的父親，1910–

終究,這就是生命的意義:
能夠死去。
——柯慈(J. M. Coetzee)

Contents 目錄

前言:給父親的信 ……………… 13

嬰兒期及幼兒期

誕生，死亡的開端 ……… 17

衰落與凋亡・一 ……… 23

男孩和女孩・一 ……… 25

物種起源 ……… 27

即將消失的樂園 ……… 32

號外！號外！我們都是動物！ ……… 36

籃球夢・一 ……… 38

母　性 ……… 41

黃金期或小孩為什麼 不喜歡吃辣 ……… 43

性與死亡・一 ……… 46

籃球夢・二 ……… 48

明星的血統・一 ……… 51

青春期

響尾蛇湖⋯⋯⋯⋯⋯ 57

男孩與女孩・二⋯⋯⋯⋯⋯ 63

籃球夢・三⋯⋯⋯⋯⋯ 64

母獅為何喜歡深褐鬃毛的公獅
或為什麼男女都喜歡低沉嗓音⋯⋯⋯⋯⋯ 66

超級英雄⋯⋯⋯⋯⋯ 72

籃球夢・四與五⋯⋯⋯⋯⋯ 79

死了一點點⋯⋯⋯⋯⋯ 85

唯心唯物老問題⋯⋯⋯⋯⋯ 92

性與死亡・二⋯⋯⋯⋯⋯ 94

籃球夢・六⋯⋯⋯⋯⋯ 96

成年與中年

衰落與凋亡・二 ……… 101

明星血統・二 ……… 113

男孩與女孩・三 ……… 116

性改變（一切）……… 118

死亡預兆 ……… 121

食物真麻煩 ……… 124

我所知道的一切都是從背痛學來的 ……… 127

記一方社區水池 ……… 134

性與死亡・三 ……… 136

籃球夢・八 ……… 147

老年與死亡

衰落與凋亡・三 ……… 151
關於生命，就是我們都會死 ……… 164
男孩與女孩・四 ……… 173
預知死亡紀事 ……… 177
死亡乃美麗之母 ……… 186
生命賦予了生命意義 ……… 189
籃球夢・九 ……… 191
如何長生不老・一 ……… 193
如何長生不老・二 ……… 201
臨終遺言 ……… 206
明星血統・三 ……… 213
性與死亡・四 ……… 218
從頭到尾，最後一次說這個故事 ……… 224
臨別訪談 ……… 226
給父親悼文的筆記 ……… 229

出生時嘴巴裡布滿了味蕾
青春期男生的死亡率是女生的三倍
世上最撼動人心的成就，都是在25~40達成的
許多搖滾樂手皆死於27歲
男性30歲就可能開始禿頭
停經後的女性，臉頰沒了脂肪的面容變得凹陷
90歲老人的腦部體積與3歲娃兒無異

前言：給父親的信

就讓我們開始這場角力賽吧！以我的故事迎戰他的故事。

這是一本關於身體的傳記：我的身體、我父親的身體，還有我們身體的解剖學。尤其是我老爸的身體，他那強韌的身體。

這也是我的研究，我所知的一切：我將呈現存在的殘酷事實，以及肉體生命赤裸的脆弱與短暫。我將揭示人類不過是帶著兩隻腳的皮囊，並展現出人體的美麗與哀愁，包括我的身體、父親的身體和所有人的身體。

接受死亡，我似乎總是這麼說。

接受生命，這是父親清楚明白的回答。

我才剛滿51歲，為什麼卻已幾乎愛上死亡所帶來的靜謐？誠如英國小說家馬丁・艾米斯（Martin Amis）所說：「沒人知道這什麼時候開始的，但它就是發生了。突然間你發現自己開始不停和人道別。死亡變得十分醒目，你得用力別過頭才能不去注意它。以往我們可以輕易就忽略的事實，現在卻不斷浮現。你早知道自己有朝一日會死，但從未有過如此真實的感受。」身為父親，我那精力充沛的14歲女兒更加深了這樣的感受。我已經不再是運動健將了（我有嚴重的背痛問題，這我們之後再談），但娜塔莉卻是個運動小將。本季某次足球賽後，友隊的球員家長甚至上前對她說：「轉戰職業足球吧。」

那麼，為什麼我那97歲的父親會如此著迷於長命百歲，只要

能活下去就好？對我而言，他是如此生氣勃發、風趣幽默，但我也不願過度美化他。他的生命力旺盛得像一部生存機器，徹頭徹尾地令人筋疲力竭。要他安息？實在讓人難以想像。

美國作家馬克・哈里斯（Mark Harris）讚譽索爾・貝婁（Saul Bellow）為當代最傑出的作家時解釋道，貝婁就是比其他人更有活力。我父親就是這樣。有人說英國作家勞倫斯（D.H.Lawrence）生前活得瀟灑，彷若未受這身皮囊的限制。我父親也是如此，我不斷勸他披上人皮，但他總是拒絕。

我似乎有種戀母情結的衝動，想用一堆死亡數據埋葬他。為什麼我想要提早送他進棺材？他既強壯又軟弱，而我既恨他又愛他。我既希望他長生不老，又希望他明天就死。

THE THING ABOUT LIFE IS THAT ONE DAY YOU'LL BE DEAD

嬰兒期及幼兒期

誕生，死亡的開端

胎兒在母親的子宮裡並非溫順等候著餵食，而是狼吞虎嚥地自胎盤增生血管，鑽進母體內吸取養分。母親與未出世的嬰孩下意識為母體應供給多少養分爭個不停。正如演化生物學家大衛海格（David Haig）所言，懷孕是一場拔河賽：雙方拉得吃力，繩中央的界旗卻幾乎紋風不動。存在就是一場競賽。

人類已存在了25萬年，這期間有900億人生了又死、死了又生。你是目前地球上的65億人口之一，身上99.9%的基因與他人無異，差別只在於剩下的0.1%，亦即千分之一的DNA核苷酸鹼基。

我們出生時有350根骨頭（長的、短的、扁的、不規則的），成長時骨頭逐漸接合，到了成年只剩下206根。你的體重大約有70%是水的重量，與地表的水陸比例相去不遠。

嬰兒期及幼兒期　　　　　　　　　　　　　　　　　　誕生，死亡的開端

新生兒心跳平均每分鐘120下，為了從舒適的羊水中過渡到寒冷的大氣環境，呼吸次數為成人平均的50倍。我出生時是臀位分娩，這情形的危險在於，嬰兒的頭部（我的頭）最後才出來，因此頸部（我的脖子）遭臍帶纏住的機率大增。於是我頭上腳下栽進這世界，又在醫院的保溫箱裡度了一星期的假，我父親則像個守門員似地守在外頭，不許任何人靠近我一步。據說，假如我直挺挺躺著不動超過幾分鐘，他就會開始敲打玻璃箱。我還活著啊，老爸，只是瞇一下而已。我這輩子一直假裝在追求寒冷的大氣環境（危險刺激），但其實吸引我的，還是那舒適的羊水（安全穩定）。

　　記得有次我因為遊樂場的鐵門上了鎖便沒有進去。母親為此讚許了我一番，父親卻因為我沒有爬牆而深表不滿。美式足球場上，身為外接員的我總是東彎西繞，跑到球場中央無人之處揮舞雙手，要隊友傳球過來。我從未漏接球，但若是友隊球員擒抱過猛，我通常就會應聲倒地，而手中的球也不翼而飛。從前我是社區裡最厲害的壘球員，但長大後當大家玩起高壓式投法的快速棒球，我就成了縮頭烏龜。每當我敲出滾地球之後，我總是刻意放慢奔跑速度，好讓傳回一壘的球在我跑到壘包之前抵達，我才不會被回轉的球打個正著。打擊時，我還會擔心被投手的球K到；守備時，我也怕被在內野亂跳的球打中。我跑百米只要10.8秒，但田徑教練看我一雙長腿，堅持要我轉跑障礙賽；只是我在每個跨欄前都會頓步以確定能

跨過去,於是也跑了最後一名。我沒學過跳水,每次都是雙腳先入水。於是游泳教練拖我到跳板邊緣,幫我擺好手腳姿勢,再把我舉起來丟到池子裡。但在最後一刻,我別過臉,落水時水花四濺,好像跌進一張鋪滿電針的床。我在怕什麼?為什麼我老是這麼怕痛?

在印度教經典《薄伽梵歌》中,人體是被開了九個洞的傷口。

客觀來說,新生兒一點都稱不上美。臉頰沒肉,下顎缺牙齒支撐。頂上若有毛,也細軟得貌似禿頭(白人小孩尤其如此)。嬰兒全身覆蓋一層稱為胎兒皮脂的奶狀物質,可保護嬰兒那發紅、濕潤、皺巴巴的皮膚。通過產道時,擠壓產生的腫脹也可能使嬰兒的鼻子暫時變形、雙眼發腫,或把頭形拉得又長又怪。嬰兒頭骨發育尚未完全,有些地方的骨頭未完全接合,大腦也僅有軟組織保護。嬰兒受母親荷爾蒙的刺激,外生殖器不分性別都大得不成比例,而且乳房也微微腫脹,甚至分泌一種叫做「巫奶」的乳水。嬰兒的虹膜呈淡藍色,眼睛真正的顏色則要長大後才看得出來。頭部占身體比例大半,頸部力道不足以支撐頭部,而臀部極小。

新生兒平均體重為3.3公斤,身長53公分。出生後不久,體重會減掉原來的5~8%,主要原因為水分流失。出生後24小時內,在空氣進入耳咽管前幾乎沒有聽力。嬰兒想念子宮,厭惡所有外界的刺激,任何東西一到嘴裡或嘴邊就開始吸吮。眼神散漫又鬥雞,體溫不穩,呼吸不規律。

一個月大的嬰兒能夠搖頭晃腦、舞動四肢。兩個月大的嬰兒，仰躺時可直視前方，趴臥時可抬頭約45度。三個月時，嬰兒的頸部肌肉可支撐頭部一、兩秒鐘。

　　新生嬰兒的腦部大小是成人的25%，這是由於人類直立行走的機制限制了母親骨盆的尺寸（也就是說，產道不可能更大）。不過嬰兒隨後便迅速彌補了這項限制，1歲前，腦部將長到成人的75%。

　　嬰兒能聽見頻率高達四萬赫茲的聲音，會被高頻的狗哨嚇到，而成人由於無法接收高於兩萬赫茲的聲音，根本不會有感覺。你耳朵內的聽覺髮細胞能將耳蝸內的液體動能轉換為電子訊號，再由神經細胞傳至大腦成為聽覺。到了青春期，這些髮細胞逐漸消失，你開始喪失某些頻率的聽力；首先聽不到的是高頻音。

　　新生兒通常雙手握拳，但若輕敲其虎口，小手會抓緊你，力道之大，在雙手同時緊握時足以支撐全身的重量。這種與生俱來的「抓握反射」對人類嬰兒沒多大用處，但若回到演化史的前一個時期，這種反射卻是生死攸關，讓猿人嬰兒得以攀附於母親的毛髮上。

　　父親提醒我，根據猶太法典《米德拉西》（*Midrash*，一本經長時間編修而成的希伯來聖經注釋），你來到這個世界時，雙手緊握，好像在說：「一切都是我的，我將繼承所有。」離開這世界時，你鬆開雙手，好似在說：「我什麼都不帶走。」

　　嬰兒要是不小心墜落了，原先的蜷曲姿勢會在瞬間四肢大開。

這樣的「驚嚇反射」(或「擁抱反射」)，能讓嬰兒盡可能伸展全身，方便人猿母親接住墜落的孩子。

　　娜塔莉出生時我哭了，但妻子蘿莉一滴淚也沒掉——她沒空。前一分鐘我們還在候診室裡手牽著手翻閱雜誌，下一分鐘，蘿莉看著我，以從所未見的嚴肅表情命令道：「放下雜誌。」娜塔莉蹦了出來，唖叭唖叭舔著嘴唇，我還著急地向護士確認那並非糖尿病的徵兆（我親子教養手冊看太多了）。我向老天發誓，我再也不會計較芝麻綠豆的小事，不再有愚蠢自私的想法；這樣崇高的境界沒有持續很久，不過⋯⋯

　　印第安的科吉族人相信，嬰兒在生命初始時，只認得三件事：母親、夜晚與水。

　　詩人湯普森（Francis Thompson）寫道：「我們在他人的苦痛中誕生，／在自身的苦痛中消殞。」楊格（Edward Young）寫下：「誕生不過是死亡的開端。」培根（Fracis Bacon）說：「除了哭喊，我們還剩下什麼？／哭喊著不要出生、不要在出生中邁向死亡？」納博科夫（Vladimir Nabokov）的《說吧，記憶》(Speak, Memory)，開章第一句話便寫道：「搖籃在深淵上擺盪。常識使我們明白：存在不過是一道倏忽的光線，閃耀於兩端永恆的黑暗之間。」

　　生死一線間，是個老掉牙卻極少受到討論的話題。1919年，9歲的父親和一群朋友在布魯克林區信步穿越鐵軌。他走在最後，

卻不小心一腳踩上供電軌，於是一個活蹦亂跳的孩子霎時成了電流的「倒」體。火車隆隆駛向我父親米爾頓・席爾卡特（Milton Shildcrout），而他軟綿綿地倒在地上，沒法制止自感電流通過身上。（我問過父親為何改姓，他說：「二戰時有個中士，軍營裡每日佈告上的字只要超過兩個音節他就不會念，也無法正確念出他所謂『該死的紐約姓氏』。中士以他濃得化不開的南方口音說道：『下士啊，你的名字太長了，哪天咱們出海外任務，你挨了日本鬼子的子彈，墓碑都寫不下咧！你該把姓名縮短，讓咱們這些大人念得出來。從今天起，俺要叫你席爾斯。』幾週後，這位中士又把我的姓縮短為席爾，我就席爾席爾地在么陸肆軍區待了36個月，後來也習慣了，退役回家後乾脆把姓氏給改了。」）

我今天能坐在這裡打這行字，要感謝一名身穿黑衣、頭戴紫帽，名做大艾的17歲摔角選手。他見狀伸出一枝乾木柴，將電昏的小米爾與供電軌分開，趕在火車駛來前一刻把他拉出鐵軌。我父親不但被電得手肘膝蓋瘀青，後來那個夏天更成了行屍走肉，皮膚由紅轉粉紅又轉黑，最後更脫皮見骨，手指與腳趾甲碎裂，僅剩的毛髮一一脫落，直到連小米爾也幾乎消失無形。後來祖父向長島鐵路索賠一百美金，結果拿到不多不少正好一百美金的醫藥費，作為他每週一次到醫院檢查傷口是否感染的補助。

衰落與凋亡・一

所有哺乳類動物都會老化，只有較原始的動物如鯊魚、鱷魚和加拉巴哥象龜等得以倖免。究竟人類現今為什麼以這種速度老化，有許多理論可以解釋：老化受基因控制（適者生存，不適者淘汰）；不同物種會發展出對自身有利的老化速度；一種增加亂度的介質會破壞細胞、造成老化；小型哺乳類動物的新陳代謝通常比較快，因此壽命比大型動物短；有些內分泌或免疫系統特別脆弱，會加速整個生物體的機能退化；DNA轉錄出錯會導致基因缺陷，進而加速死亡。這些理論都有待商榷，而我們老化的原因依然成謎。

叔本華說：「我們走路，不過是持續免於跌倒。同理，我們活著，也僅僅是一再延遲死亡。」（老爸說，好端端一個聰明人怎麼會有這種思考方式？）

英國詩人瑞德（Henry Reed）的觀察力亦相當敏銳：「當我們日漸變老，我們就不再年輕。」

嬰兒平均一天睡20小時，1歲兒童一天13小時，青少年一天睡9個小時，40歲時減為7小時，50歲6小時，等到年過65歲，一天變成只睡5小時。你年紀越大，就會耗越多時間躺在床上難以入眠；即便入睡，也很容易醒來。年紀越長，能調節睡眠週期的退黑激素就分泌得越少，這也是老年人容易失眠的原因之一。到了65歲，一夜好眠的機會難求，夜晚20%的時間都在輾轉反側。我常得提醒我淺眠的父親，年紀在73~92歲的人由於呼吸失調，平均夜裡會醒

來21次。

嬰兒一分鐘呼吸40~60次，5歲兒童24~26次，青少年20~22次，25歲以上的成年人則為16次。你一生中可能會吸進約8億5000萬口氣。

作為哺乳類動物，你滿1歲的時候會開始長乳牙。脫離嬰兒時期後，第二副牙齒也開始露頭。上學以後，大部分兒童的乳牙都已長齊，並在小學畢業前開始換牙。到13歲之前，大部分的孩子除了智齒以外，恆齒都長完了。而第三大臼齒（也就是智齒），會在20~21歲間冒出，其牙根在18~25歲間成熟。隨著年紀漸長，牙垢逐漸堆積，牙齦後退，牙齒磨損，蛀牙和牙周疾病也增多。最近這幾年來，父親由於牙齦萎縮，骨頭開始摩擦假牙，只要咀嚼就會疼痛。

孩童的手指甲一星期長一毫米，而腳趾甲的生長速度只有手指甲的四分之一，一個月才長一毫米。不過鋼琴師與打字員的手指甲長得比別人快。手指甲的生長速度在十一月最快，七月最慢，晚上也長得較慢。大拇指和小指的指甲生長速度較慢；在嚴寒的環境下，手指甲也會長得較慢。若觀察人在30~80歲間指甲的生長速度，會發現這期間速度減緩了50%。還有，老爸，那傳說是假的，您的指甲和頭髮在死後是不會繼續生長的。

男孩和女孩・一

XX和XY的染色體組合分別造就了女人和男人。女性比較幸運，一輩子有兩個X染色體可以依靠。如果第一條染色體上的基因有任何變異，還有第二條染色體備用，因此女性要是其中一個X染色體有致病基因，另一個正常的染色體仍可發揮作用，免於發病。不過致病基因依舊存在。

女性是性別中的「預設值」，如果沒人叫你長睪丸，你的生殖細胞就會製造卵巢，讓你變成女的。想要女生變男生，得有Y染色體上的基因配合。

早在受精之時，女人的新陳代謝就比男人慢了。除此之外，男性胚胎的分裂速度也比女性快。但新陳代謝快，表示男人的細胞更容易衰敗，男性的生命循環也因而比女性還早結束。

帶著Y染色體的精子游得比帶X染色體的快一些，因此男嬰占所有新生兒數的51%左右。事實上，受精時男性的比例超過這個數字，但懷男性胎兒的母親比較容易自然流產，男嬰也較容易胎死腹中。此外，早產女嬰的存活率比男嬰高，男嬰的夭折率也普遍比女嬰高。

女孩雖然新陳代謝較緩慢，新生女嬰的骨骼發展卻比男嬰好。學齡女童的發育比男生早約莫一年，到三年級時甚至超前一年半。

在9歲之前,我以為我是世界上跑得最快的人。我衝進商店、拐進巷口、跑向學校、奔上樓梯,我跑離人群、跑向人群,也跟著人群跑,在泥地、沙地、柏油路、海灘上跑,我赤腳跑、穿球鞋跑、趿拖鞋跑、蹬靴子跑、踩著油亮亮的高級綁帶合腳黑皮鞋跑。我腿上沒幾根毛,小腿結實,膚色曬得跟印第安人一般黑。我的女朋友9歲,她也愛跑步。我們一起跑,而且是賽跑,結果她贏了。我以為她偷跑,要求重新來過,卻被她一口拒絕。於是我脫掉球鞋,扔向湖心,赤著腳踩過樹枝、踏上岩石、走過玻璃。她也跑走了,離開了我。過了幾年,她開始抽菸,不但肺活量變小,還成了啦啦隊員。

物種起源

　　身穿睡衣，手裡握著繫住搖搖木馬耳朵與嘴巴的塑膠繩，我躍上馬鞍，扭動身子調整姿勢坐穩，蓄勢待發。（我的木馬叫蜜桃，因為他是桃色的，而且我喜歡吃桃子）。馬頭右側的玻璃眼珠透過裂痕閃著光，左眼珠則早在上次戰役中碎裂了。朱紅嘴巴曾經泛著微笑，經磨損已失去光澤與笑容，鼻子也撞得滿是烏青，裂縫倒成了鼻孔，而頭頂至腰際濃密的鬃毛，還是用祖母不要的假髮黏製而成。我把塑膠韁繩纏在手中，舉腳踏進掛在木馬腰際的馬鐙裡。

　　我上下搖擺，讓木馬開始前後晃、高來低去，搖弧在木質地板上微微滑動。我坐起身，往前傾，雙唇貼著木馬毛茸茸的頸子說：「不要叫，別出聲。」（幼稚如我，以為木頭動物聽得懂人話。）我兩手環繞著馬頸，一雙小腳踩著馬鐙踢來踢去，臉頰倚在馬背上，緊貼著雕刻出的木馬曲線。木馬向前傾時，我就挪向他的背脊，木馬往後仰時，我便鬆手，盡我所能地往後仰，一邊晃動木馬，一邊跟著完美的節奏搖擺。我扭動屁股，大腿彈啊跳的，直到下半身一陣暖意襲來。我的睡衣開始搔我癢，並黏附在我腿上，肌膚感到濕黏。沒人知道，沒人會知道發生了什麼事。我知道這件事很私密，但當時還不明白箇中原因。我忘記睡覺時間，忘記這時候我即使沒有乖乖躺在棉被底下，也不該在這邊大吵大鬧。我越搖越快，膝蓋緊緊夾著木馬兩側，身體帶著木馬猛拉又急衝，滑向牆邊。

　　父親推門進來，開燈，這時我正把蜜桃轉向一邊，搖弧掃過他

的腳。我下面還暖烘烘的,而且意猶未盡。「跑啊!」

「大衛乖乖。」父親顯然被我的馬術表演逗樂了,但仍試圖要維持紀律。至少我記憶中是這樣啦,我才4~5歲,誰知道我的記憶有幾分正確性?「媽媽和妹妹在睡了,我也要睡了。你這樣會吵醒全家人。」

「我會小聲點的,爸比。」

「你得上床睡覺了,大衛乖乖。」

「但我還不累。」

「你知不知道現在幾……」

「但是感覺很棒耶。」

每當蜜桃往前搖時,我胯下就磨蹭過平滑的座椅,全身興奮地顫抖。我緊抱著木馬,往父親的反方向擺動,然後瘋狂衝向牆邊。我隨著馬前後顛簸,直到痛得無法再騎。父親從我身後停下蜜桃,將我攔腰抱起,繞著房間轉呀轉——飛呀,小飛機,然後把我放下,丟到床上。唷呼。然後他會唱著我最喜歡的歌哄我睡覺,唱一首有關小男孩、他爸爸還有知更鳥的歌。

我常反覆做著同樣的夢。在夢裡,我打開兒時住家的大門,父親手持一塊斜木板,那是一塊門擋。父親沒戴眼鏡,在走廊昏暗的燈光下以為我是搶匪,正準備要用一塊3×5英寸的木板把我擊昏。他

緊握木板,手上沾到木屑,門擋應聲落到腳上。(夢裡的老爸變成凶惡的看門人)。

　　我說,見到你真好,父親。雖然我在現實生活中從沒喊過他「父親」。

　　房子裡沒有燈光。時間是某個二月天的四點鐘,我想要點個燈、蠟燭或爐火什麼的趕走牆上和木板地的寒氣。家中窗戶緊閉,窗簾也是掩著的。

　　別把髒雪帶進家裡了,他說,到外面把鞋子踏乾淨。(怪怪,老爸突然變成生活大師瑪莎史都華了?更怪的是,在加州長大的我,在搬去東岸上大學前從沒見過雪。)

　　外面,雪恣意堆了一地,鬱鬱陽光下,樹影映照在雪地上有如破舊的巨傘。一陣風刮起地上的雪,掠過樹梢,撲向窗戶。

父親坐客廳裡的搖椅上，雙腳擱在小凳子上，兩手交疊在大腿上，動作有些女性化。他張嘴，卻不發一語。報紙零落散了一地，上頭或許有他寫的文章，我猜。我在一張沒有坐墊的彈簧沙發上坐下。

　　父親身旁的玻璃桌下，擺著一張黑白照片。裡頭的父親正在登山，一手拿著手杖，一手叼著菸斗。他背著後背包，側身面向鏡頭，臉上盡是燦爛驕陽。（內華達山脈：這座山在我兒時的心中占有一席之地，重要性等同於原住民對美與和平的誓言。它那嶙峋的山峰遙不可及，卻時時縈繞我心頭。）

　　我掀開窗簾，驚訝地發現外頭正是黃昏時分。風吹折了樹枝，雪越堆越高。

　　門前的走道淨空了嗎？他問道。

　　連接陽台到車道與大街之間的走道覆蓋在兩呎深的雪底下。

　　沒有耶，怎麼了？

　　我在等一封信，他答道。（確切地說，他在等我寄給他的信。）你能去鏟雪嗎？

　　我掘進兩旁的雪，鏟子的重量和突如其來的陣風差點把我吹倒在地。他站在紗門後，穿著大得可以當睡袋的外套，口袋長至膝蓋，風帽圍住他的臉，像個纖瘦的猶太版愛斯基摩人。

　　我用鏟子敲敲冰，那凍得結結實實。父親走下陽台，拖著步伐

同我一起走到大街上，腳下的道路埋在一呎深的雪裡。我們舉步維艱地走向街尾的郵局，而父親，彷若孱弱的居家老人，扶著我的肩膀，深怕自己滑倒。

郵局是一棟老舊的紅磚建築，水泥階梯覆蓋著雪，木門一半懸在鉸鏈上。門內擺著板凳，鋪著翹曲的地板，還有幾百個郵政信箱，一個個印著黑色數字的玫瑰色方形玻璃。

父親脫下外套當作墊子，跪在地上轉動信箱的鎖碼，喀噠喀噠地開了鎖，右手伸進信箱，摸了個遍。

信又耽擱了，他說。（我又讓他失望了。）

天空這時已經一片漆黑。父親攪著我的手臂，冷得幾乎走不動。風帽上則積了雪，成了一個外型滑稽的蓋子。他停下來咳嗽，緊閉雙眼，大口吸氣。回程路上的情節總是快轉帶過，夢也到此為止。

即將消失的樂園

娜塔莉和十二名好友在「溜冰王」慶祝了她的10歲生日。溜冰場裡燈光昏黃，水晶燈絢麗奪目，音樂每30秒就達到一次高潮，洗手間的門上則分別標示著「國王」和「女王」。這群女孩子穿起溜冰鞋來好像踩著高跟鞋，顯得異常高大。我父親特地從舊金山灣區趕來西雅圖慶祝娜塔莉的大日子，卻在派對上跟我提起娜塔莉的身材，說她看起來圓滾滾的，小腹好像快要從褲頭掉出來了云云，我則回他有完沒完。

好幾個朋友送給娜塔莉知心朋友項鍊，也就是那種「一人戴一半，感情不會散」的成對吊飾，引起了一些朋友間小小的競爭。娜塔莉最要好的朋友亞曼達請DJ播一首蜜雪兒的歌，而當音樂響起時，亞曼達臉上漾起了微笑。

燈光暗下後，所有女孩紛紛衝向場內。她們喜歡這樣昏暗的場地，讓她們感覺自己不那麼引人注目，但娜塔莉和她好幾個朋友卻又戴著橘色螢光棒。她們不喜歡別人注意到自己的身體，同時又希望身體被注意到。對於這點，我只能說，正是問題的癥結所在。

女孩們倒著溜，也向前溜，不一會兒又玩起凌波舞。DJ放起一些經典歌曲：I Will Survive、Gloria、YMCA、Staying' Alive，還有瑪丹娜、黑眼豆豆、艾薇兒、亞瑟小子等等。娜塔莉的幾個朋友為自己買了塑膠玫瑰花。遠方的角落裡，兩個青少年正吻得如火如荼，不過經由我父親適當地點明，也就是跑去跟管理人員反應以

後，這樣的行為很快就獲得矯正。老爸有著古怪的道德觀，他厭惡任何公開的親暱行為。每次蘿莉和我跟他一起去看電影，只要我對蘿莉肩一搭，手一牽，父親必定開始咳嗽連連（我懷疑這已經變成反射動作），直到我們收手為止。

身為「溜冰王」愛好者的父親，我覺得這地方怪恐怖的。這座溜冰場放大了孩子對自己的感知，以為自己是什麼奇幻生物，並將這樣的感覺轉化為對性的渴望，一起幻想未來的景況。娜塔莉跟她的朋友目前可能還好，因為「溜冰王」讓她們對異性心存幻想，但還不用認真去看待這些浪漫情懷，更不需要親身實踐。黑暗中，娜塔莉牽著亞曼達的手，對嘴唱著亞倫卡特的歌。

當天下午最後一首歌是哈奇波奇。根據DJ的說法，這是一首大人不會愛的歌。大人當然不愛啦（除了老爸以外，他也想一起跳，最後還是娜塔莉猛烈揮手把他趕走的），這首歌的歌詞是「把左腳放進去，左腳拿出來，把右腳放進去……」，唱到最後你要把全身都放進去。但娜塔莉和她的朋友都疑惑著，身體，到底是由什麼組成的呢？

女孩子在8~10歲間開始萌發乳蕾，12~18歲間乳房發育完成。9~12歲間開始長陰毛和腋毛，到了13~14歲左右毛髮已具成人型。我聽過有人這樣為法定強姦罪辯護：「地上的草長齊了，球員就可以進場

了。」根據1830年的數據，女性初潮來臨的年紀平均是17歲，而多虧營養、醫療及生活條件的改善，現在美國女性的平均初經年齡提前至12歲（1960年代為12.75歲，1990年代為12.5歲，近十年則為12.3歲）。女生越來越豐腴，也刺激了月經來潮。

經期平均29天多一點，月亮盈虧的週期則是29.53天。根據達爾文的說法，經期與月球對潮汐的影響息息相關，這也與人類起源於海洋的說法相符。狐猴的發情期與性行為也常發生於月圓之時。

在9~10歲時，男孩的陰囊與睪丸增大，陰莖增長，至17歲時性器大小形狀與成人無異。男孩從12歲開始滋長陰毛、腋毛、腿毛、胸毛、鬍子等，至15歲毛髮開始具成人型。第一次射精通常發生於12或13歲時，到了14歲，大部分人開始每兩週出現夢遺。我差不多已經忘光所有國中同班同學的名字，但我永遠不會忘記潘跟裘安這對好朋友。她們是當年的壞女孩，出名的癮君子。八年級的時候，我可是對著她們畢業紀念冊上的玉照打了一整年的手槍。當時的感覺多麼奇妙、私密又叛逆，是如此獨一無二、舉足輕重。其實那並不怎麼獨特。那只是血液在我體內竄流，到未來某一天（最多到1萬8000個日子以後吧），血液就不會再循環了。我父親的日子不多了，我也終將一死。不管這本書裡的數據怎麼說，或正因為這些數據這樣說，我一直覺得這兩個事實很難讓人接受。

伍迪·艾倫說：「性與死亡之間的區別就是，死亡可以自己

來，也不會有人嘲笑你。」

　　男性的成長期較長，因此他們比女性來得人高馬大。13~16歲間，男生會急速抽高，在高峰期一年可以長10公分，而女生的成長期則從11歲開始，最多一年可以長高8公分，到14歲就差不多停止發育了。18歲時，男生還有可能再長高2公分，女生的發育至此已經完成了99%，再長高的機率很小。我在15~18歲時，從163公分長高到185公分，而且還覺得自己個頭很小。娜塔莉在班上算是矮個子，因此很不滿為什麼她在高中畢業後就沒再繼續長高。她等不及要「大展身手」了。

娜塔莉2歲時，有一回我跟蘿莉一起幫她穿衣服，準備帶她去托兒所。當時我父親剛好來我們家住一週。娜塔莉哭得聲嘶力竭，對衣服大加抱怨，一會兒是顏色不對，一會兒是衣服太緊。她一直喊著「我的、我的、我的」。之後我問父親娜塔莉想要表達什麼，他說：「她的意思是，這些四肢，手啊、腳啊，都是我的。」我問他我小時候有沒有做過類似的事情，他答道：「開玩笑，你都快把我和你媽逼瘋了，尤其是第一年，簡直是個愛哭鬼！」

號外！號外！我們都是動物！

朋友蘇珊寄來一封電子郵件，裡面談到了她女兒：「娜歐蜜9歲了，逐漸逼近叛逆期。我知道青春期總免不了有青澀與尷尬，但我發現，女孩子一旦對自己的身體失去信心，那份自信是再也找不回來的。我一直將娜歐蜜這個模樣記在腦海裡：放學回家以後，她會從冰箱裡拿瓶優格，在陽台上邊吃邊搖呼拉圈。她總是一次搖兩個呼拉圈，而且站得筆直，幾乎不需要扭動她的小屁股。她一邊舀著優格，還一邊告訴我今天發生了什麼事。她的身體彷彿有股引力，而呼拉圈就像衛星一樣平順地繞著她轉啊轉。我一直對這個儀式大感驚奇又充滿感激。她的優雅氣質從何而來？我的直覺是，她完全沒有意識到扭動身軀帶給她的快樂，因此舉手投足自然優雅。她有一招我非常喜歡。她會走過來說：『媽，媽！我有事要告訴妳。』她裝得一臉嚴肅，眼神緊緊盯著我，然後突然誇張地擺動手腳關節，上下又唱又跳：『不管你是誰，每個人心中都有隻小青蛙！』」

娜塔莉11歲時，熊貓（眼神憂鬱、文靜又圓滾滾的可愛動物）是她在世界上最喜歡的東西。她創造了一個桌上遊戲叫做「池塘大逃亡」。遊戲中，所有動物都要逃離池塘並建立新家園。她跟我說：「性一定是好東西，因為人類靠它來繁衍後代。」她到現在模仿動物依舊唯妙唯肖。

在娜塔莉每週例行的足球賽中，我最喜歡的時間就是比賽結束以後。這時父母會發送點心，而所有的女孩圍坐在一塊兒，沒有多說什麼，只是靜靜地喝果汁，吃餅乾，享受精疲力盡的感覺，完全融為一體。我父親有時也會到場加油，這個時候他會暫時放下手邊的相機，眼眶濕潤地陶醉於此情此刻，享受肉身存在的事實與榮耀。

籃球夢・一

對我而言，籃球與黑暗總有種奇妙的連結。從小學三年級開始，我總會在放學後練投籃。我還記得黃昏與碎石路面結合起來創造出一種世界崩毀、唯我獨存的感覺。有天下午我跟同學芮妮比賽花式投籃。她從籬笆另一端把球扔過來，說：「不跟你玩了！你那麼強，我敢打賭你有一天一定會加入舊金山勇士隊。」

芮妮打籃球的動作很像男生，但仍看得出是個女性。玩花式投籃是我童年最快樂的回憶之一：在黑暗中運著球，本能地知道籃框的位置。我看不見芮妮，卻能聞到她的汗，也可以聽見她從不遠處傳來的聲音，感受到她對我的愛意，還有我即將開展的勇士隊生涯。我還記得操場遠處那個地面微傾的籃球場，橘紅色的球架和籃筐，木質的綠色籃板，鐵籃網在風中鏗鏘作響。球場上的塵土、頭上的尤加利樹、球滾到馬路之前會彈越的籬笆，還有板凳——女生總裝出一副無聊的模樣坐在上頭看球。

暑假剛開始的兩個星期，我和芮妮正式交往。但有一次在玩搶旗子遊戲時，我沒冒險去救她，她氣得跟我分手。所以我10歲生日時成了孤家寡人一個。我懇求爸媽在那天晚上讓我整晚和伊森、吉米還有布萊德利在對街的球場投籃，他們不情願地答應了。我父親每幾個小時就會晃過來看看我們是否還安全，順便提來更多可樂、生日蛋糕和糖果。

接近午夜時分，我們分組打二對二。布萊德利和我一隊，吉米

和伊森一隊。月亮西沉，我們體內的糖分過多，而且已經筋疲力竭、意識迷茫了。比數18：18，任何一隊再兩分，比賽就結束了。我從底線起身長距離投籃。球還沒離手，布萊德利就說了聲：「好球！」

我擅長射籃，因為那是我生活的重心，而且也練得很勤。那次出手連我自己都不敢肯定會進球，但布萊德利知道，我知道，吉米和伊森也知道，就像我們知道自己的名字是什麼，清楚巨人隊先發名單的打擊率多少，也摸透我們手掌上的生命線長什麼樣。我的腳、我拱起的背脊，全身上下都知道。我的手指興奮得顫抖，手順勢完成了動作之後，便開心地握拳，彷彿要抓住夜色。我們都知道那球非常完美。我們聽見籃球（我父親送給我的生日禮物）應聲進籃，但我們似乎早在前一秒鐘就已預測到了。在那一秒間，到底發生了什麼事？世界停止運轉了嗎？我的靈魂出竅了嗎？我們的第六感發生了什麼事，竟會有如此敏銳的眼力？我們那時究竟有何天賦，身上裝了雷達嗎？從什麼時候開始，我們變得要這麼吃力才能聽見自己心底的聲音？

南非作家柯慈（J.M.Coetzee）的小說《伊利莎白・卡斯特洛》（*Elizabeth Costello*）結尾處，同名的主人翁已然白髮蒼蒼。她在人生最後唯一能肯定的，不是愛，不是藝術，也不是宗教，而是青蛙困在泥濘的地上鼓起腹囊，在大雨傾瀉後的鳴叫。尼采說：「人類

身體的智慧，勝過腦中深奧的哲學。」奧地利哲學家維根斯坦說：「我們唯一有把握的，就是跟著身體的感覺走。」美國舞蹈家瑪莎·葛萊姆說：「身體從不說謊。」每個人都是完全獨特的動物，但就某種意義上來說，我們也是同樣的動物。從包著尿布到進棺材，我們的身體能告訴我們一切的一切。

母性

在阿拉斯加的海洋生物中心,一隻巨型太平洋母章魚奧羅拉遇見了公章魚J-1。牠們的身體在變換了幾種絢爛顏色後,雙雙躲進「深海動物區」的深處。1個月後,奧羅拉產出上千顆卵。儘管她的卵毫無孵化的跡象,水族館的保育員也認為那些卵可能未受精,奧羅拉仍日以繼夜利用外套膜吸入並吹送新鮮海水,悉心清洗這些卵,保護它們不會遭到飢腸轆轆的海參及海星吞食。保育員眼見章魚卵遲遲未孵化,開始排掉水箱裡3600加侖的水,但奧羅拉仍持續噴洗那些暴露於岩石上日漸乾枯的卵。在交配10個月後(這時J-1早已死去),奧羅拉的幾個卵終於孵化了,9隻章魚寶寶開始在培養池中藉由電動餵食器進食。由於母章魚在孵化期間幾乎沒有進食,又耗費氣力保護魚卵,大部分巨型太平洋章魚通常在小章魚誕生後就會餓死,但水族館的保育員說奧羅拉看起來生氣勃勃,而且「還在照料其餘的卵」。

娜塔莉七年級時突然開始喜歡批評媽媽,抱怨她聽錯重點、牙縫卡了食物、吃東西太大聲,還邊吃飯邊說話。我現在知道,這樣的戲碼還只是個開端,往後幾年會有更多來勢洶洶的母女衝突。

　　我父親為了解決焦慮、憂鬱及失眠,服用的藥物千奇百怪。今年初我陪他去看心理醫生,確保他的用藥組合沒有問題。看完診後還有時間,我於是問了那位非常佛洛伊德的醫生,為什麼青少年時

期的女兒對自己的母親如此挑剔。他答道:「女孩子身體裡過剩的賀爾蒙到處流竄,於是在眾多因素的影響下轉化為對母親的怒氣。她們的潛意識覺得,她一有生育能力,就占有極大的優勢,而家人在此時也應更加尊重她。她握有讓這個家庭延續下去的機會,當女兒正要進場,母親則剛好退場。研究人員在探討這個議題時發現,母女發生衝突時,不止父親總是站在女兒那一邊(我倒不記得我父親何時曾站在我姊妹那邊,我家總是母親當家),家庭裡其他成員亦然。」我們的基因驅使家人去保護家中生育能力最強的女性,因此女孩子對母親的怒氣,絕大部分源自她在獲得生育能力以後逐漸感受到的支配力,以及她擔負起生兒育女之責後感受到的壓力。坐在我身旁的父親聽了直點頭稱是,偶爾用手肘頂頂我的肋骨,顯然對他的心理醫師這番超凡的見解相當自豪。

黃金期或小孩為什麼不喜歡吃辣

大文豪托爾斯泰年近古稀時說道:「我5歲時跟現在沒兩樣。」耶穌會創辦人聖伊納爵（St. Ignatius Loyola）說:「把你7歲的孩子交給我,我之後會交還你一個真正的男子漢。」英國詩人華茲華斯說:「兒童是成人之父。」而這個「成人」之後還會成為另一個人的爸爸。

黃金時期一過,我們隨即開始老化。在美國及其他已發展國家裡,統計上的黃金時期年齡是7歲。過了7歲,死亡的機率每八年就翻兩倍。

5歲時,你的頭部已經是成人尺寸的90%。7歲時,腦部重量達到最大極限的90%,9歲時達到95%,到了青春期終於長到最大。腦部重量占體重的2%,占全身脂肪量的60%。心臟所輸送的血液中,20%流至腦部,全身的氧氣量則有20%由腦部吸收。

5~10歲間,腎臟的大小會成長兩倍,以處理身體日漸增加的代謝廢物。6、7歲時,負責製造抗體的淋巴組織會長到最大。

幼兒的胃部形狀像牛角,9歲時像魚勾,12歲像蘇格蘭風笛,同時也具備了成人的胃功能。

6~10歲的小孩若從事低強度的體能活動,可持續6秒,高強度活動則只能維持3秒。叔本華說:「10歲時,人由水星掌管,這時的孩子在狹小的空間內擁有極大的自由,容易被枝微末節的小事所左右。」這樣的敘述套用在我父親身上再完美不過:永遠的10歲頑童。

人在出生後到青春期之間,會經歷兩次截然不同的生長模式。

第一次從出生到2歲之間,生長速度快速卻逐漸減速,第二次從2歲到青春初期,成長曲線呈現一致性,每年遞增。1歲的娃兒平均身高76公分,2歲時90公分,4歲102公分,8歲127公分。就讀小學期間,成長速度減為一年5公分。6歲前,你跟同年齡朋友的身高差距不會改變太多,身高與體重的比例也持平。

　　體重的增長也呈類似曲線。嬰兒五個月大時,體重是出生時的兩倍,1歲時是三倍,2歲時變為四倍。2~5歲間每年增加的重量相同,大約是兩公斤。6~10歲時成長趨緩,這是兒童期快速發育後在青春期之前的間歇期,此時期大概每年增重2~3公斤。

　　6~11歲間,你的頭部變大,由於顏面骨的生長,五官會出現顯著的變化。你臉部的模樣可說是與顱骨的外型越差越遠。

　　5歲時,人的心臟增大至出生時的四倍,9歲時心臟重量是出生時的六倍,到青春期幾乎是當初的十倍。心臟成長時,在胸腔內呈現較直立的狀態,等到橫膈膜降下後,胸腔中才有更多空間供心臟活動及呼吸道擴張。

　　出生時,嘴巴裡布滿了味蕾,味覺傳導器遍布上顎、喉嚨以及舌面,所以小孩不喜歡吃辣。他們的口腔上方滿是味蕾,因此他們對辣椒醬的感受與成人大不相同。10歲以後,這些多餘的味蕾大部分都已消失。

　　12歲以後,孩童失去模仿外來聲音的能力。

進入青春期的前 2~4 年，大部分小孩的身高已經是成人的 75~80%，體重增加到未來的一半。青春期開始前，較長的骨頭（股骨、脛骨、腓骨）的軸部及末端開始接合，因此我們的骨骼及生殖器官同時成熟。最後這身皮囊會呈現十分驚人的對稱性。

　　天曉得青春期是怎麼開始的。

性與死亡・一

卵細胞還在卵巢裡時，有時候會突然活化並開始增生。這如果發生在哺乳類動物身上，就成了畸胎瘤（睪丸裡的精細胞偶爾也會生成畸胎瘤）。卵子開始分化，並看似正常地形成早期的胚胎，但最終還是無法正常發展下去，徒然留下一團細胞瘤，裡頭含有各種細胞組織及軟骨、皮膚、腺體甚至毛髮等發育不全的器官。

畸胎瘤可能會發展成惡性畸胎瘤，成為致命的癌症。根據實驗結果，若將惡性瘤移植到同基因的動物身上，它會無止境地增長，直到宿主死亡。然而若以老鼠為例，從惡性畸胎瘤中抽取細胞，注入處於發育初期的老鼠胚胎中，老鼠出生後將完全正常。這是因為甫發育的胚胎傳遞出發育的訊號，馴服了惡性畸胎瘤。

也就是說，癌細胞是可以像早期胚胎細胞一樣正常運作的。在人類晚年導致癌症的基因當中，有許多其實正是早年控制細胞生長及變異的基因。造成阿茲海默症之類老年病的破壞性基因與當初正常運作的基因無異。惡性畸胎瘤中，精子細胞成了身體裡貪婪的寄生蟲。當身體的目標（保持健康、維持生命）及精細胞的目標（繁殖）不合時，就失去了平衡。

細胞的生死各有時。細胞可能受傷而死，也可能自殺身亡。細胞自殺的模式非常有條有理，因而常被稱為細胞的「程序性死亡」。這個過程可以摧毀對生物整體有威脅的細胞，如染上病毒的細胞、DNA損壞的細胞或癌細胞。如同威爾斯詩人狄蘭・托馬斯（Dylan

Thomas）所寫（我很喜歡這一段，可惜老爸不怎麼欣賞）：

> 透過綠色導火線催生花朵的力
> 催開我的綠色年華；炸毀樹根
> 也摧毀了我。

籃球夢・二

身為波萊爾中學山貓隊的成員，我們平常的練習場地是一間狹小的體育場，裡頭籃框鬆動，地上鋪著滑溜的塑料地板，牆上貼著牛皮紙印的海報，激勵我們贏球。記得我們常常練球練到很晚，重複進行衝刺及打板練習。有一天教練宣布：「好啦，大夥看好了，我來讓大家瞧瞧要怎麼掩護大衛讓他得分。」於是隊友在球場上跑來跑去，傳球、切入、掩護，全為我一人。這套進攻戰術讓我能輕鬆從三分線頂端或左端（我最喜歡的位置）射籃。我感覺全世界好像為我編織了一張安全網，保護我，又釋放我。

那年夏天，我父親被猶太福利聯盟開除，卸除宣傳部主任的頭銜，改接下加州聖馬特奧縣扶貧計畫的主任，薪水一下子縮水。他坐在沒有冷氣的簡陋辦公室裡，一下子撥電話給雜貨店，看他們為什麼沒有拿糧食券去兌現，一下子打給餐廳，詢問他們是否確如徵人廣告上所說，一視同仁地雇用員工。有時候，他週末會飛到沙加緬度或華盛頓為計畫募錢。當時加州的黑人區瓦茲發生大暴動，底特律也爆發衝突事件，但他服務的居民對他無比崇敬。他會說：「哪裡哪裡，我只是做好我的工作而已。」他們稱他為「白人的希望」，邀請他去參加烤肉派對、婚禮和壘球比賽。他在壘球比賽所向披靡。雖然他的年薪只有7500美金，但他快樂極了，他是貧民區的國王。

放學後，我常穿越整個城鎮，把書寄放在父親的辦公室，然後

到街角跟黑人小孩打籃球。我發明了拉桿式跳投，這一招我的八年級同學聽都沒聽過。我不像一般人那樣在跳起來的瞬間投球，而是跳起來、收起膝蓋、在空中停留數秒，雙手持球做個大風車，然後在落下的過程中射籃。我的白人朋友很討厭我的新招式，他們覺得那個動作太逞強、做作，太青少年又有種黑人風格。我越這樣投，他們就越討厭我，而他們越討厭我，我就越這樣投。學期末的朝會上，我被選為最佳運動員，我父親說我連上台領獎的時候走路都像體育班的。我那時以為他在嘲弄我，現在才了解這是至高無上的讚揚。

　　從幼稚園到八年級，我每天不是在做運動，就是想著運動或做著運動員的夢。我是為了看運動球星的個人資料而學會閱讀，為了計算球員（還有我自己）的平均得分學會算術。12歲時，我6秒可以跑完46公尺，吸引全市的孩子湧向我們學校來跟我挑戰。某年的籃球夏令營裡，我們正在進行五對五的交叉傳球上籃練習時，甚至有人把夏令營的執行長找來看我精準的背後傳球。這位剛退休的職業籃球員不但對我說，他打球時如果有像我這樣的控球後衛該有多好，還讓我跳級到高階班去。我也記得，我在少棒聯盟全明星賽的十二局下半揮出一記全壘打，終結比賽。那天，我穿著球衣回到家，躺在後院的吊床上喝檸檬汁、吃糖心餅乾，把自己的成就跟最新一期運動畫刊裡的運動員好好惦量一番。老天爺，我那時覺得，

人生實在太美好了啊!

　　父親很常引用這首詩:「倒流吧,倒流,飛梭時光,／今晚讓我重溫孩提時光!」然後他開始重溫往日時光:「我很喜歡上學,原因很簡單,因為我跟大家都處得很好,沒什麼不愉快的日子。我剛上一年級時,就在三個哥哥的監督下學會閱讀,尤其菲爾還是紐約太陽報的專欄主筆咧,所以我也一直很喜歡學習拼字,到現在還是。下課後,我不管是跑步或是壘球都很行,與同學競賽(或打架)也能帶給我快感。所以很快就有朋友靠過來,想沾我的光。」

　　我父親20幾歲時,參加了道奇隊的公開甄選,並待到最後。結果他還是沒入選,因為在最後一輪中,他投的每顆球都被一個叫做范林格‧曼格的傢伙打到外面的貝福德大道上。不可否認,我的運動基因遺傳自父親。有次娜塔莉的足球隊在她的助攻下贏得市賽冠軍,老爸開心地歡呼:「這是我們席爾家的優秀血統!」

明星的血統・一

我父親的出生證明書上寫著「米爾頓・席爾卡特」，服役紀錄上面寫的是「米爾頓・皮・席爾卡特」（他沒有中間名，那是他瞎掰的）。1946年他改姓為「席爾」時，申請書上還列了「席爾卡爾特」跟「席爾克勞特」。我叔叔艾畢的姓氏為「席爾卡爾特」，姑姑菲兒的姓則是「席爾克勞特」。誰在乎誰姓什麼？嗯……我在乎。我想知道我跟喬瑟夫・席爾克勞特（Joseph Schildkraut）有沒有血緣關係，他可是電影《安妮的日記》裡安妮的爸爸，也在電影《左拉傳》飾演被控叛國的法國軍官德雷福斯，還因此獲得奧斯卡獎呢。

從小到大，我一直相信這個演員就是我父親的表親，但我父親現在的說法卻越來越模稜兩可了，他說：「我跟他可能有親戚關係啦，但不知道要怎麼證明。」或是：「我有沒有確切的證據可以證明他是我們的表親？沒有耶。」或是：「我哥哥傑克跟他長得很像，真的很像。」或是在信裡這樣說：「我們兩家真的是親戚嗎？誰也說不定。哪一個是我多年來虛構的傳說，哪一個是鐵證如山的事實？我不知道。」「我相信，我們跟魯道夫和喬瑟夫・席爾克勞特這對父子有血緣關係。」

1923年，我父親13歲。他父親山繆帶他去下東區一家猶太意第緒戲院欣賞《野性男人》這部舞台劇，由魯道夫・席爾克勞特頂替傳奇性的演員雅各・愛德勒挑起大樑。魯道夫真的很野，他緊握繩索，從舞台這端飛到那端。這是我祖父工會（國際女裝師傅工會）

舉辦的義演，因此表演結束後，他說服了保全人員說男主角是他的親戚，讓我父親進後台參觀。

在小巧的化妝間裡，魯道夫卸了舞台妝，換下了戲服，跟祖父聊了起來。據我父親轉述，魯道夫出生於羅馬尼亞，之後為了演藝事業待過維也納和柏林（「席爾克勞特」這個名字源自德文和俄文，「席爾」是盾牌的意思，「克勞特」則是甘藍的意思。所以我們是拿著盾牌捍衛甘藍菜的人）。他跟妻小在1910年左右搬到紐約，中間幾年回到柏林，又在1920年搬回美國，永久住了下來（喬瑟夫．席爾克勞特在1959年出版的自傳《父親與我》裡證實了這些資料，但這也只表示老爸可能在跟我講這個故事之前讀了那本書）。祖父問魯道夫知不知道他祖先是怎麼到奧地利的，魯道夫搖搖頭，說他所知甚少，因為他的演藝生涯帶著他周遊了太多地方，而且他的人生、他的志趣，都僅限於劇場和劇場人員。他們用意第緒語聊了將近十分鐘，便起身道別。事後祖父也對我父親講解了一些他沒聽懂的部分。

父親說：「後來好幾個星期，我逢人便說，我跟我爸見到了紅遍美國境內奧地利、德國及猶太戲院的大明星魯道夫．席爾克勞特。我甚至還說他可能是我們的表親。其實祖父跟魯道夫的對話內容並無法證實這一點，但我急著跟朋友和鄰居炫耀，就把魯道夫父子納進我們的家族啦。有時候我會說：『他們可能是二級表親』，有

時候又變成一級表親。你知道的嘛，大衛，魯道夫・席爾克勞特可是好萊塢明星，雖然時間有點短，但是也算得上成功的電影明星。我還告訴大家他的演技比同鄉埃米爾・詹尼斯好太多了。」

THE THING ABOUT LIFE IS THAT ONE DAY YOU'LL BE DEAD

青春期

響尾蛇湖

睪固酮能促發孩童快速成長，讓喉結突起、聲音降低，紅血球數量與肌肉質量增加。此外，它也會挑起性慾，刺激陰莖、陰囊和前列腺發育，促進陰毛、鬍子、腿毛和腋毛滋長，並使皮脂腺分泌更多油脂。高中時，我狂冒青春痘，簡直成了第二層皮膚。油甚至多到從我的毛孔溢出來。也正因如此，我到17歲都還沒機會獻出初吻。

青春痘攻占了我的下巴和額頭，布滿臉頰和太陽穴，連頭皮跟耳背都不放過。痘痘也燒上脖子，偶爾偷襲我的小弟弟、造訪我的肚子，甚至席捲我的背部和屁屁，像是強迫我刺上同一種樣式的刺青。我的鼻子上有白頭粉刺，腳趾上有髒髒的黑頭粉刺。我的身上到處都是爆血的青紫色粉刺、一捏即消的白色圓形粉刺、消不掉的紅腫小丘疹、發炎到見骨的傷口、醜陋的疤痕和疣般的突起。為此我注射過膠原蛋白，忍受過人工植皮，試過果酸換膚。

為了戰痘，我洗過咖啡色的橢圓皂、綠色的透明方形皂、泡沫細緻的溫和嬰兒皂、刺激如火燒的粗皂。我也抹過特殊凝膠、塗過純澈的白色液體、敷過礦物泥面霜。我每天照三餐吞藥，有時狂喝牛奶，有時不碰牛奶，有時拚命曬太陽，有時又避而遠之。我擦過紅黴素、A酸、麗歐迅、泛娜五號凝膠，用過千奇百怪的藥物：十四酸異丙酯、聚乙二醇酯、二丁基羥基甲苯、羥丙基甲基纖維素。我四處打聽，醫生一個換過一個。

父親求我：拜託，別再挑自己毛病了。有時被我惹煩了，還會

賞我耳光（以此訓斥我在餐桌上擠弄臉上的痂，也順便教訓我苦難的禍源以表同情），但他這麼不爽不是沒有道理。我的雙手沒完沒了地在身上遊走，總是東摳摳、西抓抓，然後再彈掉這些潰爛物。我已經到了一種畸形的自戀境界。我渴望照鏡子，卻又排斥看到鏡中真實的自己。久而久之，我甚至可以準確地預測哪種鏡子有柔焦的效果，哪種鏡子是照妖鏡。我簡直醜得不能再醜了。

我母親的臉上還留有痘疤，顯然年輕時也飽受青春痘所苦。但少女時期的母親有太多醫生要她做X射線治療，她相信的代價是之後必須多次接受皮膚癌切除手術，植皮後鼻子上就留下了一片片補丁般的粉紅色皮膚（可能也就是因為這些過量的輻射導致母親罹患乳癌，並於51歲病逝）。一張在沖繩拍攝的泛黃照片裡，舅舅穿著軍裝，臉紅得像火燒。史丹福醫院的皮膚科醫生告訴我姊姊，他的醫術是全灣區最高明的，但要改善她的膚質，他實在束手無策，要等她21歲之後才有辦法。全家只有父親的臉最光滑無痕，不過要是他刮鬍子不小心傷了自己，或是他戴的眼鏡在眉宇留下紅印痕，母親總會抓住機會糗說他也有青春痘的毛病。兩人常常為了誰要對我下巴上花團錦簇的痘子負責，吵得莫名其妙。

高二時，痘痘問題越發嚴重，也占去我越來越多時間。每兩個星期我得開一小時的車到舊金山市南部的皮膚科診所接受液態氮治療。診所斜對面就是一家連鎖藥妝店。看完診，我會把當月的救星

處方籤送過去,然後在收銀檯排隊等藥時買一大包紅色甘草糖,無視於臉上的傷口還微微淌著血,就撕開糖果包裝狼吞虎嚥地吃了起來。我總是忍不住將這樣的作為與聖餐餅做連結:吃下聖餐餅,我就能得到救贖;吞了甘草糖,我流膿的紅痘也會變得鮮嫩多汁。光是這樣天南地北的反差就讓我著了魔。高中畢業紀念冊上,我的大頭照被修過頭,還有人指著我的照片問我那是誰。

「青春痘到底是不是病?」行為神經學作家黛兒・布魯(Dale F. Bloom)認為:「青春痘才不是病,而是正常的生理過程。它幫飽受折磨的青少年擊退可能的伴侶,直到幾年後生殖能力成熟了,在情緒上、心智上及生理上都足以擔起親職。」對我而言,她的論點無懈可擊。

一份針對青春期男性的研究報告指出,體內睪固酮濃度最高的受試組別當中,69%說他們有性經驗,而濃度最低的一組,則只有16%有性經驗。男孩的睪固酮濃度比女孩高上八倍。睪固酮為男性增加肌肉質量、刺激生長發育,並在14歲時達到成長巔峰期。11~16歲間,男孩的睪固酮濃度增加20倍,到了16歲,心血管系統的大小與頻率已與成人無異。

頭髮一個月長1.27公分,青少年時期長得特別快,其中16~24歲的女孩子頭髮生長速度是最快的。如果針對三組人,分別是接受

深情凝視的人、聽見嬰兒哭聲的新手媽媽和吸食古柯鹼的人進行腦部斷層掃描，會發現三者的結果相近。《臉》的作者丹尼爾・麥克尼爾（Daneil McNeill）說：「人的瞳孔在青春期時最大，戀愛的時候也會放大，之後會慢慢縮小，直到60歲。」聽到這個，娜塔莉大概會說（事實上她也是這麼說的）：「酷斃了！」

娜塔莉問我為什麼有人喜歡塗鴉，我試著跟她解釋，青少年的男孩子需要藉由破壞一些事物來證明自己。舉例來說，如果游泳池的救生員是甜美的女孩，那麼不管她如何三催四請，都無法在閉館前把一群臭男生請出游泳池，但只要雄壯威武的黑人男性救生員一出馬，他們就會一溜煙跑了。

我父親在電話那頭跟我回憶道：「某個星期天早上，我爸說他要來看我打拳球。我已經打了一年，但那是他第一次說要來看。我們在家門前的大街上玩，中間只有一次因為馬車經過而中斷比賽。我爸出來站在左場邊線上看比賽。輪到我上場時，我看到他站在那兒向我招手，便使盡吃奶的力氣用拳頭往『斯伯丁』（我們這麼稱呼拳球專用球）擊下去，此時球就像箭一樣飛出去，時速大概有96公里。而老爸就站在那兒，揮球落空──我打中他的左臉，差點傷到他的眼睛。」

兒童發展心理學家鮑依・麥坎雷斯（Boyd McCandless）表示：「年輕人**就是**他的身體，他的身體就是**他**。」

托爾斯泰說:「我曾經在某處讀到一段話,12~14歲的孩子,也就是剛脫離兒童期正要步入青春期的孩子,特別容易犯下縱火甚至謀殺罪。現在回顧自己的孩童時期,才意識到我以前可能犯下什麼樣恐怖的罪行。我沒有特別目的,也不是想要傷害誰,**只是**出於好奇,**只是**想滿足潛意識裡蠢蠢欲動的渴望。」

西雅圖車程一小時外,北灣東南方6.5公里處,十幾個年輕男孩站在響尾蛇湖心的岩石上。幾個女孩子也有樣學樣。我坐在遠方的木筏上,悠哉望著他們。男孩子穿著牛仔短褲,個個露出結實的胸肌。女生也穿著牛仔超短褲,上半身著比基尼,但身材不是太勻稱(青春期女生的臀比肩寬,而男生則是肩比臀寬。以骨骼質量與體

重的比例來說，18歲的少女比同年齡男生少20%。)

　　那塊岩石大概有一層樓高。男孩子選擇從岩石最高處跳水，大部分的女生也跳了，但姿勢較不華麗，也較小心。女孩子沒有放過不下水的朋友：「真不敢相信妳都17歲了還不敢跳。妳不跳的話，我以後就不理妳了！」

　　男孩子則不停地問彼此：「剛剛跳得怎麼樣？帥吧？」

　　是這樣的，男性的生殖器平均長度是8~10公分，勃起時長13~18公分。依記載，男性生殖器勃起時最短的人僅有9.5公分，最長可達24.3公分。1930年代從歐洲進口的假人模特兒，會根據生殖器大小分為三種尺寸：小、中，以及美國尺寸（跟其他文化比起來，美國人特別在意性器官的尺寸，例如小弟弟長度或胸部罩杯之類）。詹森總統就時常在秘書面前撒尿，逼下屬在他排便時到廁所跟他會面。他喜歡炫耀他的生殖器，還稱之為「大隻佬」。在某次未公開的會談中，幾位記者質問總統美軍為什麼要打越戰時，詹森當場拉下褲襠拉鍊，掏出大隻佬，說：「這就是原因。」新幾內亞男人的陽具鞘長達61公分，而我勃起時15公分（唉，相當普通的平均值），這我量過很多次。而我爸雖然身型比我還小，但我很確定（我很謹慎地偷瞥過）他比我要來得「天賦異稟」。難怪他以前這麼好色。

男孩與女孩・二

　　出生時，人體的脂肪占體重的12%，出生後6個月增為25%，一年後占30%。6歲時，體脂肪又降回體重的12%，其後持續增加，直到步入青春期。青春期過後，女孩子的體脂肪持續上升，男生則有稍微下降的趨勢。

　　高中女孩的骨骼發育比男生超前兩年，在身高體重上也超越男生，直到男生進入青春期急速發育後才會扭轉情勢。大部分女孩在16歲會達到骨骼發展高峰期，男生則要等到19歲。因此高中的班對常常看起來像滑稽的姊弟戀。

　　「17歲的人常會陷入不幸福的愛情。」法國天才少女作家莎岡（Françoise Sagan）以過來人的身分這麼說。

　　男性在十幾二十歲之間性慾特別高漲，女生則要晚個10年。

　　「我希望16至23歲之間沒有年齡，／否則就讓青春在睡夢中渡過吧；／反正這段時間裡也沒別的，／不過就是把妹／把人家肚子搞大、頂撞長輩、偷竊滋事罷了。」莎劇《冬天的故事》裡的牧羊人如此說。

　　男生在15~24歲間的死亡率比女生高三倍，死因通常源自於衝動莽撞，或謀殺、自殺、車禍與戰爭等暴力事件。

　　《大亨小傳》作家費滋傑羅（F. Scott Fitzgerald）在給女兒的信中寫道：「年少若要輕狂，可得付出慘痛代價。如我所說，18、19歲時徹夜狂飲的少男，現在都已經入土為安。」

籃球夢・三

我父親當過半職業籃球隊「布魯克林老鷹隊」的經理，麾下球員包括哈利・格拉徹和其弟奈特，兄弟檔以前都是母校傑佛森高中的籃球隊員，但根據我爸的說法：「他們畢業後就沒出路了。」此外還有聖約翰大學的籃球隊長麥斯・「阿普」・普斯那、同校的明星球員艾利・舒克曼及麥斯・「阿卡」・卡普蘭、「神射手」黑人球員亞提・傑克森，以及「整天都在吆喝組隊打球」的依薩多・「矮子」・賽羅塔。某年聖誕節，老鷹隊私底下（因為很多球員都在大學籃球隊打球）以100美元的價碼受邀至耶魯大學擔任表演賽的客隊。

　　我相信接下來這個故事一定有捏造的情節，畢竟我爸講的（以及他的）故事都有點神話色彩。但上回他跟我說這個故事時，細節分毫不差：他和七名球員一路從布魯克林開車到紐哈芬，「到了傍晚四、五點，天空飄起雪來，車變得很難開，還好阿卡開車技術很好。後來在靠近紐哈芬大約40~50公里遠處，雪越下越大，路況變得有點危險，不過我們仍繼續穩定地慢慢開向目的地耶魯籃球場。」

　　「突然間，我們感覺車頭撞到了什麼，一具軀體滾上車頭又滑下來，倒在路上。我們撞到人了。我們趕緊停了車，衝到附近的農莊借電話報警。大約15分鐘後，警長到了，開始問阿卡是否酒駕或超速，尤其現在路況這麼差。另一個警員則看著屍體說：『是鎮上的酒鬼老波。他可能根本沒看到你們的車。』」

　　「眼看時間一分一秒過去，我們六點半就得抵達紐哈芬，但阿

卡的車被扣押作為證據,還必須留在這個叫做威爾頓的小鎮接受問訊。警長告訴我們附近有個農夫在兼差當司機。那時已經將近五點半,我們只好省下吃晚餐的時間,再花20美金請這位農夫當司機趕去比賽。於是我們擠進豪華轎車裡,終於在七點左右又冷又餓地抵達體育館。結果耶魯的人以為自己被放鴿子,還對我們大發雷霆。」

「我們換上球衣,很快做了暖身。第一局結束時,耶魯領先我們將近20分,中場結束時比數差距拉大到將近30分。好不容易捱到中場休息,艾利和大家狼吞虎嚥地吃下三明治和汽水。耶魯的對手個個訓練有素、精神充沛,準備好要迎戰我們這些從布魯克林來的『硬漢』,而我們這時候吃這種食物實在不是很妥當。然而阿普跟隊員說了一番精神講話以後,扭轉了情勢。

「阿普、艾利跟亞提開始大展身手,在第四節雙方打成平手,進入延長賽。僅持了兩局以後,我們終場以一球之差落敗。耶魯的隊長過來向我們道謝,也依約付了100美金,其中20元當場便付給我們的司機,請他載我們回威爾頓鎮搭公車。我們大概半夜坐上公車,清晨六點回到紐約。抵達之後,所有球員全直奔自動販賣機。我把剩下的錢分給大家,每個人分得幾塊錢,我則一毛錢都沒拿。我們手上的錢夠我們搭地鐵回布魯克林(票價五分錢),那場比賽就到此為止了。這個故事很快便傳為社區佳話。

「一個月後,阿卡又回到威爾頓接受審訊,最後宣告無罪。那場比賽成了我們最後一場。」

母獅為何喜歡深褐鬃毛的公獅 或為什麼男女都喜歡低沉嗓音

我們的嗅覺系統會自動跳過大腦的思考程序，直接將訊息傳導至掌管性與攻擊的部位。公倉鼠依賴嗅覺系統才能與母倉鼠交配，公老鼠需要嗅覺才能接收成熟母老鼠釋放出的訊號，母豬也靠嗅覺才能被公豬挑起性慾。至於人類，對氣味的敏感度不像其他動物那麼高，我們的性衝動不再受到氣味支配。

對人類而言，視覺才是最重要的感官。我們會受到外表所吸引。男性人類喜歡金髮美女，母獅則偏好深褐色鬃毛的公獅。據信，鬃毛顏色較深的公獅，睪固酮濃度較高，且基因較優。

無論是人類或其他動物，都會被聲音所吸引。男女都認為低沉沙啞的嗓音很性感，而低沉的聲音也與睪固酮濃度有關。聲音越低，性功能越強，基因也越優良。

害怕與恐懼比分享愉悅的經驗更容易讓異性相吸。壓力荷爾蒙會啟動大腦的神經化學系統，讓雙方產生情感上的連結。有項著名的實驗是這樣的：一個美女分別在地面以及離地60公尺的搖晃吊橋上訪問一批年輕男性，並主動把自己的電話號碼留給對方。之後發現，吊橋上的男生有超過60%會於受訪後主動連絡，而在地面的受訪者中只有30%會這麼做。

那年我17歲，女友卡拉和我同齡。兩人都沒有性經驗。細雨如針，我們坐在她父母小屋的後陽台上，靠著屋頂和周圍密實的綠網幫我

們遮風擋雨。我想睡在外面,讓自己著涼,我想要跟她一起生病發抖。但卡拉想要刷牙。她喜歡浴室的味道、喜歡鏡子、喜歡溫暖的馬桶座椅。她手上拿著牙刷和毛巾,咿呀一聲推開紗門,踩上地毯。

　　我把睡袋攤開,鋪在木質地板上,再拍鬆我們的背包,放進睡袋口當枕頭,又搬開長板凳,移到陽台的角落。我把陽台的擺設移動了一番,然後靜靜等著。

　　卡拉從屋裡出來時說:「外頭溼答答的,咱們進屋裡睡吧!」

　　我答道:「不要,雨就要停了。」

　　我把門關上,轉動門把表示門鎖上了。要進門的唯一辦法就是等到隔天早上找出藏在陽台某處的鑰匙。

　　卡拉鑽進睡袋裡,在我身旁躺下。

　　「我看起來怎麼樣?」她問。

　　我開始在腦袋裡搜尋可用的形容詞。我想討好她,用漂亮的詞藻描述她:「令人垂涎、夢幻又優雅。」

　　「那⋯⋯我⋯⋯我看起來怎麼樣?」我反問。跟卡拉獨處時,我的口吃問題已經比較不嚴重了,但偶爾還是會冒出來。

　　卡拉笑了笑,避開了問題。每回她問我她看起來怎麼樣時,她知道無論我回答什麼,她總是千姿百媚。她也希望我是帥哥,但我不是。我的青春痘不會消失,我也不會消失。我就是這個樣子,一點也不帥。卡拉明白這一點。她用眼睛看就知道了,她不是瞎子。

青春期　　　　　　母獅為何喜歡深褐鬃毛的公獅　或為什麼男女都喜歡低沉嗓音

但她仍然愛我，她愛的是我靈魂的深度——諸如此類的。外表有什麼了不起呢，大家都可以有光滑的皮膚（例如我爸）、湛藍的眼睛（同上）、波浪般的頭髮（我到中年以後就有了）和悅耳的聲音（我一直都有）。

我們觸摸彼此的指尖，十指緊扣，手掌貼手掌，用力捏著。我撥開她的中指，舉起食指沿著她的纖纖細指上下游移。我一手握著她的脖子後方，閉起眼睛吻了她。出乎意料地，她坐起身子回吻了我。我急著拉開睡袋的拉鍊倚過身去，結果撞上她的額頭。她笑我笨手笨腳，我則親了親她的扁鼻子。我們貼著雙唇，吻得忘我。最後我說：「我們今晚注定要做愛。」

卡拉答道：「我不知道耶，我不確定我準備好了沒。好冷喔，我要先去上廁所。」

她從睡袋裡出來，從背包裡拿了幾樣東西，伸手要開門。

「門鎖起來了。」我說。

她轉動門把，推開了門。

「騙人。」她說。

「我真的以為我鎖上門了。」我辯道。

門在她身後輕輕闔上，我則躺回睡袋裡。外頭樹枝殘影搖晃，凜冽的大雨洗淨了天空。我等著卡拉，她可能一去就是好幾個小時。她常在浴室裡迷路。她得在屋裡，在室內，上鎖，才會找到安

全感。她的盥洗包跟行李箱一樣大。她喜歡乾乾淨淨，聊毛巾、肥皂和不同牌子的衛生紙，談論它們的溫暖度和柔軟度。她喜歡把玩水龍頭。她很注重外表，可以在鏡子前待上好幾個鐘頭，不容些許瑕疵。

但就某方面而言，當時的我就是其中一個瑕疵。我不是卡拉的夢中情人，我沒有低沉沙啞的嗓音，我沒有母獅喜愛的深褐色鬃毛。

最近我父親跟我回憶起他的初戀情人：「我在23~28歲這五年間跟妳姑姑的朋友交往（我們那時候不會用「交往」這兩個字，不過你懂我的意思）。她叫做碧兒，是個高䠷的美人胚子。她走在路上啊，那優美的身材常引來路人吹口哨或驚歎的眼神。碧兒的正職是秘書，副業則是在紐約一間頗具規模的服飾公司當模特兒。當時的我可說有個理想的工作（任職於《美國週刊》），有個漂亮女友，擁有搶眼的淺褐色福特敞篷車（外型類似現在的福斯敞篷車），也存了一些錢。我年僅25歲，卻似乎擁有了全世界。」

「碧兒和我在週末見面，我們總是行程滿檔：看電影、上劇院、去野餐、參加派對、聽演講、在附近的高地公園打網球。我們穩定交往了五年，身旁的朋友也都認定我們會廝守終身，我們卻絕口不提結婚。其實大部分是我的錯。我們早過了結婚的法定年齡，但我太不成熟，聽到責任兩個字就渾身發抖。我大概是全西半球最不成

熟的28歲男人。」

「當時經濟大蕭條餘波未平,《美國週刊》廣告量也驟減,虧損連連,於是開始大規模裁員。1938年,我也成了失業人口。我在《紐約郵報》找到工作,但只做6個月就又丟了飯碗。到夏天時,我已經失業3個月,因此決定到開茨基爾度假村去當網球場小弟,偶爾教教腦滿腸肥的皮毛商或是中學教師打網球。我就是在此時此地認識海倫(他的第一任妻子)。她那時剛與《紐約時報》財經作家離婚,正打算在度假村度過夏天。」

「海倫見多識廣,至少對當時的我來說是這樣。我對性和政治的認識都是從她身上學來的。她在當時就相當投入共產黨事務。我們認識一年後,她甚至辭掉華爾街的圖書館員工作,去共產黨當義工。」

「於是在那炙熱的夏天,嗯,我的意思是我熾熱的心,而不是說開茨基爾十幾度的涼爽天氣,我把碧兒全忘了。夏天結束後,我回到布魯克林,跟海倫同居了幾個月後就結婚了,再也沒有見過碧兒。」

「40年後,我到普羅維登斯參加你的畢業典禮,之後在你姑姑菲兒家借住了一個星期,她住在皇后區一棟高級大廈裡。一天早上,她出門購物,回家後見到我劈頭就說:『米爾,猜猜我在購物中心遇到誰了?你想破頭也想不到!』我答了一些失聯的兒時玩伴的名字。」

「結果菲兒說:『信不信,我見到你的舊情人碧兒了!她嫁了

以前老家那個常跟我們打網球的傢伙,現在還風韻猶存呢。她現在一頭灰髮,有兩個女兒和幾個孫兒,住在皇后區。她給了我電話號碼,我說你剛好從加州來這裡,還跟她講了一些你的近況。她說想見見你呢!』」

「嗯,1978年是你母親過世一週年,我還在試圖走出傷痛。而前一天我才看了尼爾賽門的舞台劇《第二幕》,裡頭正巧說到一名作家在妻子過世後不久遇見一個年輕女人,因此陷入痛苦與折磨。他面臨棘手的抉擇,不知道是否該與生命中這個女性交往。他跟弟弟說,他仍深愛亡妻,因此對這段新的感情充滿罪惡感。他弟弟則鼓勵他要『活在當下』。最後作家繼續經營這段感情,最後竟然娶了她!我不能接受這種膚淺又溫馨的收場,我坐在劇院裡對自己說:『妻子才過世沒多久,他怎能這麼快就跟別人結婚?那他開場時對亡妻宣告至死不渝的愛算什麼?只是宣傳手段嗎?那他每年從沒遲到過的情人節禮物又怎麼說?真是虛偽至極!』這是我跟菲兒說我不想連絡碧兒的藉口,更別說見面了。但最重要的原因是,我很慚愧當初沒有好好待她,用那麼糟糕的方式分手。我完全不聞不問,音訊全無,實在太可恥了,不可原諒。」

超級英雄

我的貓兒「祖默」不但擅長社交,還非常喜歡成為眾所矚目的焦點。我一把報紙攤在餐桌上,牠就躺上去。家中有客人來,牠就直接蜷曲在他們大腿上以示歡迎。牠最愛的活動,是在我跟蘿莉和娜塔莉讀書時,躺在我們身旁的壁爐前好幾個小時。第二喜歡的活動,是在我們看電影時躺在三人中間。牠也會在我們假裝沒看到時,偷舔我們碗內的冰淇淋。晚上牠睡在娜塔莉的臂彎裡,貓掌環繞她的額頭。但如果我們太寵牠,摸牠摸太久,牠就會又咬又抓,抗拒我們對牠過度馴化。祖默喜歡躲在書櫃後面襲擊毫無防備的路人,或橫躺在書架上,一隻爪子懸在半空中,注意著家中的動靜,活像在大草原上偵察羚羊蹤跡的獅子。牠想說服自己並讓我們知道,即便牠嬌生慣養,內心深處仍是十足的殺手。

牠整天拖著牠的泰迪熊(娜塔莉戲稱那是牠的女朋友)在家裡走來走去,而且雖然牠早就結紮了,還是一天到晚跟女朋友廝磨,發出勝利的嚎叫。牠老是在窗戶前張牙舞爪,向鄰居的貓「火球」示威。但真的有機會跟火球單挑時,牠又卻步了,還會假裝很失望地待在安全的家裡。難得出門時,牠只要一看見任何風吹草動就嚇得屁滾尿流,用一些很爛的藉口飛奔回家。牠需要說服自己是個硬漢,但說到底,祖默只是隻膽小貓。

在電影《蜘蛛人》中,彼得・帕克被蜘蛛咬傷後變成了蜘蛛人。班

叔叔跟他說：「你正在轉變，這是必經的歷程。但是要多留心自己的變化，好嗎？」彼得從宅男變成蜘蛛人，很明顯就像他從男孩蛻變成男人。成為蜘蛛人之前，他穿襯衫會紮進褲子裡，一副書呆子樣。成了蜘蛛人後，他任由襯衫敞開，露出緊身衣。他勢不可擋，胸肌撐爆衣服，雙眼視力2.0。但彼得的性成熟好比向眾神偷火：「我可以感覺到這股力量，但我不了解它的意義，也不知道如何控制它，甚至不知道要怎麼用它。」很多少男都想相信，性本能勝過一切，能夠改變原本平凡的生活。而我爸的厲害之處在於，他到80好幾了還相信這個。

　　蜘蛛人第一次拯救瑪莉珍時，她跟男友哈利說：「那真是太棒了！」男友則不停追問：「妳說『太棒了』是什麼意思？」蜘蛛人再次救瑪莉珍一命時，她問：「這次我可以跟你道謝嗎？」然後揭開他一部分的面具，吻了他的唇，兩人在雨中激情忘我。劇本寫得很白，其實彼得的新技能就是生殖能力，或者說得更精確些，是射精能力：「他扭動手腕，想射出黏液，可是怎麼樣也射不出來。」而蜘蛛人三度拯救瑪莉珍，每次緊夾著對方的姿勢都像極了傳教士體位——蜘蛛人出任務嚕。當他是彼得‧帕克時，他的小弟弟趴了；化身為蜘蛛人後，他可以恣意遨遊性的愉悅，事後也不必處理麻煩

的情緒。

　　蜘蛛人探討的是一種共存的狀態：一邊是無性的、平凡的自己，一邊是由性驅使的大人物。這部電影裡幾乎每個男性角色都有這種分裂傾向。即使是洗劫了紐約摔角協會並在劫車時殺了班叔叔的搶匪，在彼得讓路給他進電梯時，也還是輕輕說了聲：「謝謝」，還溫馨笑了一下。殘暴與謙卑總是互相糾纏，難分彼此。（娜塔莉說：「這部電影是在說，每個人都有不為人知的一面，因為大家並不總是以真面目示人。」）

　　幾年前一個星期六下午，我在西雅圖的綠湖泳池來回游泳。父親也游了幾趟，舉了一會兒重，做了一下蒸氣浴，然後開始打起瞌睡來（對此，他一如往常地堅決否認）。在更衣室裡，一個10歲小孩低聲哼起蝙蝠俠的主題曲。父親一開始沒聽出來，但經我一說，他馬上點頭表示同意。不消一分鐘，整個更衣室便充斥著蝙蝠俠的曲調。十幾個青少年一同哼了起來，有些人唱得認真，有些只是胡亂嬉鬧；有些站在板凳上唱，有些拿毛巾攻擊別人的屁股；有人光著屁股跳起舞來，其他人則繼續換衣服。那場面既驚奇又神祕、既混亂又美麗、既荒謬又刺激。但我父親認為，除了球賽以外，所有大眾娛樂活動都糟糕透頂。在開車回家途中他這麼說：「流行文化創造的不是真的社群，而是**替代**的社群。」

在安‧貝蒂（Ann Beattie）的故事《燃燒的房屋》末了，即將離異的夫妻終於直接對質。太太先說話了。

「我想知道你到底是要留下來還是要離開。」

他深呼吸，吐氣，躺著沒動。

他說：「妳所做的一切都值得讚賞。妳回學校進修是對的，妳找到像瑪麗琳這樣正常的朋友也是對的。但妳這生所犯的最大錯誤，就是讓自己身陷男人堆裡。讓我告訴妳，所有男人啊，無論他是不是塔克那種瘋子，還是萊迪福克斯那樣的同性戀，或即便只是6歲的小娃兒，我告訴妳，男人都以為他們是蜘蛛人，是太空英雄，是超人哪！妳知道我們心裡在想什麼嗎？我們覺得我們要飛向星星！」

他握住她的手，輕聲說道：「我現在是從宇宙俯瞰這一切。我老早就離開了。」

超人。

我父親住在伍德湖，是灣區一座複合式運動住宅老人社區。這理應是用來養老等死的地方，他們卻把它當做奧運選手訓練營：有礦泉水、飛盤、按摩浴缸、蒸氣浴、網球場、重訓室、賓果遊戲區、舞廳、黑得發亮的停車場、噴氣推進汽車、刷白的公寓，還有遍地松葉菊。鴨子在人工池裡呱呱叫，保養得宜、膚色健康的老人

家在小型高爾夫球場上閒逛,還有穿著三點式比基尼的老婆婆在泳池旁走動。老爸的朋友身穿白色網球短褲、頭戴軟帽、腳踏高級球鞋,臉上掛著電影明星般的太陽眼鏡。他們在網球場上奔馳,同時揮著過大的球拍,彷彿在揮舞拐杖或捕蟲網。我父親的套房裡堆滿球拍、球拍夾、一桶桶的球、網球衣、球褲、吸汗帶、運動服、球襪、球鞋和運動內褲,數量驚人——這不是老人的房間,而是網球專賣店。

他用骨董打字機寫文章(每個隔週的星期三,他都會和十幾個女人和一位退休牙醫參加社區的免費寫作課),每回都把自己描寫成好好先生:在新聞業、公關業及社福單位先後做過五十幾個工作,被開除過好幾次,跟躁鬱症纏鬥五十年,也出入醫院接受過無數次的電療。他是壯志未酬的天才。喜劇演員莉莉·湯姆琳(Lily Tomlin)一定是以我父親為藍本說這句話:「發明語言的原因,是因為人類亟需抱怨。」現實中的他,總是拿石頭扔咬人的狗;但在故事裡的他,居然對朋友好言相勸道:「總不能對每隻咬人的狗扔石頭吧。」我父親可能是全天下唯一一個方向感比我還差的人,但他卻在文中這麼描寫他朋友:「羅先生在車棚裡也可以迷路,他的方向感比加州所有的男性駕駛都還要差。」他屢屢寬以待己。我以前會勸他不要擺出這種高高在上的姿態,但我後來發現,那是他鼓舞自己的方式,這樣他才不用寫些關於告別的故事,並藉此說服自

己,也說服我們,他還是布魯克林區的硬漢,他還沒準備要死。

他的每個故事都是建立在自我吹捧的謊言上:他和第一任太太所生的孩子其實已經疏遠,他們也沒有參加他的95歲生日,但在故事裡他們不但出席了,還奉上禮物。他大概40歲就已經禿頭,但故事裡他的「頭髮」只有「快禿」而已。故事裡,母親在60歲才過世(事實上是51歲)。寫作對他而言只是過度美化的機會。老爸到現在仍然大量閱讀,不喜歡生活或文學中的小情小愛(他最近才宣布柯慈殘酷尖酸的《屈辱》是他十年來讀過最棒的小說),因此他自己寫的故事竟然如此樂觀積極,還真教人不敢置信。

他在故事中採用大人物的口吻,但現實中的他總是沉浸在過去的失敗當中,外強中乾。我鼓勵他寫些關於人性弱點的文章,寫些自己的弱點,他的文章卻引用朋友對付女人的箴言:「謹記這四個F:發現(Find)、撫摸(Feel)、發生關係(Fuck)、放手(Forget)。」這就是我爸,有夠冷酷無情。

他出身貧寒,家裡有四個兄弟和兩個姊妹(他母親在他12歲那年過世,而其中一個姊姊在他16歲時過世),但他的文章充滿往日情懷:「啊,以前的日子呀,那些美好的時光:那是單純的年代,充滿我歡愉的夏日回憶。」「我這輩子住過這麼多地方,但沒有一處像紐澤西大道489號那樣有家的感覺。」「梅森太太很支持我,有時會把我摟在懷裡,或幫我擦乾眼淚。」

早在30年前,我父親在母親過世前就和她離婚了,而且他們兩人都認為那是段非常糟糕的關係。但在他筆下,這段婚姻固若磐石,父親甚至在向公司告假時跟老闆說:「我現在遭逢宮廷政變,家裡三個革命分子正打算罷黜國王。」在現實中,他什麼國王也不是。我希望他可以寫些故事,敘述他得幫這位朝令夕改、嚴格苛刻的皇后擦拭皇冠。我想問他:那是什麼感覺?我想知道,在他外表底下的內心是什麼樣子?那又禿又老的頭皮底下在想什麼?拜託,老爸,我想說:平鋪直述就好。不要居高臨下,不要唬爛。

籃球夢・四與五

校隊二軍的比賽緊接在正式校隊之後，因此前一場比賽到第三局下半時，我們這些穿著整齊毛衣、皮鞋、打著僅有領帶的二軍就會先行離開去準備。我很喜歡那種感覺，在比賽正緊張刺激時下場更衣，喜歡大家將我們視為一個團隊，紛紛為我們打氣，而我也是團隊中的一員。我喜歡從觀眾群中起身、穿過人群準備上場的感覺。正式上場後，我會知道觀眾還在那兒，但他們已經默默淡向遠方，如同上方的燈光。

　　國三時，我是二軍的指定射手，大夥兒遭遇區域防守時，就由我出手。我常會連續投個三、四球，瓦解對方防守位置，然後就沒我的事了。我不會製造機會，沒辦法帶球過人，但我擅長投籃。只要讓我跨一步，給我一點空間，再掩護我一下（要求很多吧），我就能百發百中。

　　國三和高一這兩年，二軍的教練叫我要練習如何帶球切進籃下，學會跟籃板下的高個兒交手。但我不想，因為我知道我根本辦不到，我怕我老是慢半拍。

　　接下來的夏天我開始打籃球。這不是指我在暑假趁著沒排班的空檔打了幾場球賽，也不是說我每天下午都撥空打個幾小時的球。我是說，1972年夏天，我在打球，就這樣。沒做別的事。連做一點點其他的事都沒有。我打了整個夏天的球，每天至少練到晚上十點。

　　高中的球場外種著松葉菊，四面環繞著圍牆。鮮綠色的籃框

與鐵籃網架在半月形的籃板上,只有神射手才投得進。球場坐落在一片蔭綠的山丘上,俯瞰著街景。每回我想像伊甸園的樣子,腦海裡都會浮現那年夏天的籃球場:汗衫貼著皮膚,我們五對五拚命快攻,直到不支倒地。我的球友是在球場上臨時吆喝來的,有時我自己練習投籃,有時跟朋友一組;有時跟朋友對打,有時跟素昧平生也無緣再見的陌生人。此外,也有穿著大學運動衫的中年男人,防守時會把手放在我屁股上;還有不相信我球技很強的朋友之弟;還有為了在暑假期間保持身材而打球的聖馬特奧大學籃球員,他說我希望無窮;還有將未來寄託在我身上的教練;還有問我要不要拍藝術電影的色情書店老闆;還有問我團隊精神到哪兒去了的父親。

我在柏油路上打球,也在體育館裡打。我在腦海裡打,在豔陽下打,也在風中雨中打。我在腳踝上綁了負重沙袋,只有睡覺時才取下,藉此鍛鍊小腿肌力與彈跳力。我讀遍所有籃球教學書。我也跳繩,在室內跳,在室外跳,還可以邊跳邊上樓梯,邊跳邊蹓狗。獨自一人時,我依循書上的指示按表操課。我練習用左右手從籃框兩邊罰球和上籃,我從不同角度練習鉤射、定點射籃、轉身跳投、急停跳投、接到傳球後跳投和補籃。我日復一日重複同樣的練習。我希望把肩膀練得跟勇士隊的瑞克・貝瑞一樣厚實,以及和他一樣緊實有力的腰部、一樣殺的眼神。不久之後,我感覺我的頭成了籃框,身體變成籃球,而我正試圖將頭完全放進身體裡,投籃突然變

得輕而易舉。這時我會見好就收，好好享受這份感覺。

我父親告訴我：「打籃球不只是投籃，你也要學會其他技巧。」因此他在球場上擺放垃圾桶，要我繞著垃圾桶向前、倒退、用右手運球、左手運球、胯下運球和背後運球。疾走時，我要能夠將球扔向高起的簷溝，讓球完美彈回，讓我上籃得分——這才是我心目中最重要的技巧。

校隊教練羅西先生精瘦結實、動作靈活。他偶爾會提到以前在聖卡拉大學當控球後衛的往事，我們很少會有人懷疑。他話不多，總是一付僵硬的笑容，但有時也會抓住球衣把你推向置物櫃訓話，然後又恢復微笑。

高二那年的前幾場比賽，我在校隊裡擔任後衛。在對紅木市隊的第一局裡，我在罰球線外拿到球，做了一個往左的假動作，往右側找掩護，然後直搗籃下。我很少這麼衝。對手防守嚴密，我起跳時兩人幾乎腹貼腹相對，往前傾我就會進攻犯規，往後仰我就會跌坐在地。於是我試圖繞過他，但還不夠敏捷，無法在半空中變換姿勢。最後那位紅木市球員的臀部撞上我的臀部，我翻轉了180度後雙腿著地，左大腿碰上右耳。我痛得大罵髒話，然後就不省人事。

我的股骨斷裂，整個冬天只能待在醫院做復健。醫生又誤判X光片，石膏拆得太早，所以我骨頭上釘了個鋁釘，腿上裝著支架，還拄了一年的拐杖。（我最近拆了這個釘子，其實也沒什麼特殊原

因,只是覺得有天被埋了身體裡面還有個異物,感覺怪可怕的。首先這就違反猶太戒律。不過我不是說我要土葬,我會選擇火化。我也不是說我信神,我是無神論者。但身體裡有個釘子感覺還是有違常理。)隔年秋天,我拿掉了支架。父親試圖幫助我回復以往的耐力與速度,但當他了解到我已無心於此,也就放棄了。高三時,我是十人籃球隊裡的第十人,負責記錄籃球日誌,後來這日誌還成為校刊上的運動專欄。很快地,我發現我的長處不在打球,而是在描述與分析籃球。對於我們這支表現平平的校隊,我的筆下毫不留情。教練叫我「王牌」,當然這指的是「王牌記者」,因為我已經不再是他球場上的王牌。若無人防守,我還能射籃,但已經無法防

守，遇上緊迫盯人也甩不掉對方。我開始扮演解惑的角色，成了無所不知的板凳球員。我知道該如何組織區域防守，但沒辦法親自上場為球隊效力。我父親失望極了。我不但無法成為專業球員，還做了他一生中斷斷續續做得相當開心的工作：體育專欄作家。來看看他幾年前為地方報紙寫的這篇懷舊文章：

　　75年前，我是傑佛森高中校刊《自由之鐘》的成員，寫些幾近不朽的作品，專門評論學校的體育校隊與運動比賽。我們學校的棒球隊跟足球隊永遠是輸家，他們把志在參加不在得獎的精神發揮得淋漓盡致。但我們的籃球隊可不一樣，他們不但蟬聯兩屆區冠軍，還在我大四那年打進全市總決賽。

　　在紐約市冠軍爭奪賽中，我們對上布朗士區的埃文德子弟高中。比賽最後以27：26收場。沒錯，27：26。在1928那個年代，甚至到後來的十幾年，籃球比賽規則裡都還沒有45秒的進攻時限，而且只要一方得分就得重新跳球，球員也只會定點雙手投籃。

　　比賽結束前幾秒，埃文德子弟高中的中鋒喬治在跳球時居然把球反手一拍，拍進了2.5公尺外的籃框，讓我們以一分之差落敗。回程的地鐵上，我整路邊罵邊哭，邊哭邊罵，隔天跟社區的朋友談起此事，還是一副「我不願意、我無法接受怎麼怎麼會發生這種事」的模樣。

時代不同，價值觀也不同啊。

我每年春季必定會拜訪父親，好讓我們父子倆一起觀賞NBA的季後賽轉播。他崇拜柯比・布萊恩和艾倫・艾佛森這種單打獨鬥的球員，他喜歡看個人秀。相反地，他要是看到傳球傳壞了，或是球員的防守跟鬥牛士一般差勁，就會嘖嘖搖頭。他也喜歡用1970年代的紐約尼克隊為標準，比較各隊擁有的（或缺乏的）團隊精神。他活著就是為了動。

死了一點點

在男孩渴望成為超級英雄、獨霸世界的年紀，女孩卻彷彿罹患厭食症，遠離性，也遠離塵世。青春期的男生拚命想變壯變強，青春期少女卻追求纖瘦體弱。厭食，是陽剛暴力與英雄幻想的反面，是源自青春期的同儕壓力，是青春期少女對性徵變化所發展出的具體回應。她們想符合社會文化的極瘦期望，並且（或是）除去自己的性徵。她們不想要豐滿的臀部和胸部，怕自己越來越胖。厭食症的女孩子瘦骨嶙峋、飢餓疲累且月經失調。營養不良減緩了第二性徵的出現，也延遲了成人期的腳步。

「原始」部落裡流傳著這麼一個迷信：如果女人碰觸到屍體，她的月經就會停止。

厭食症患者有九成是女性。七成的女性表示，時尚雜誌上的模特兒讓她們感到鬱悶、罪惡和羞愧。報名參加正規減重課程的學員當中，95%是女性，但98%的女性在節食後會復胖。女人只要超過美國標準體重7公斤就會覺得自己胖，男人則要超過16公斤才會有自覺。我父親則像女孩子般，一直對自己的細腰很自豪。每回見到我，他第一句話就是評論我是否瘦下來或發福了。他最熱情的讚美是：「你跟蘆葦一樣瘦耶！」為了減重而接受小腸截短手術的病患中，有80%是女性。55%的青春期少女認為自己過重，但真正過重的只有13%。厭食症是致死率最高的心理疾病。一旦得知未出世的

孩子有肥胖的傾向,11%的美國人會選擇將孩子拿掉。請5歲娃兒從照片中選出外貌姣好的人,所有小孩毫無例外都會選擇瘦子。美國小學學童對肥胖同學的負面觀感,比對校園霸凌、殘疾人士和有色人種還來得深刻。師長也時常低估肥胖學童的智能,高估苗條學童的能力。體態臃腫的學生比較少拿到獎學金。厭食症患者身上常會長出細小柔軟的汗毛以彌補脂肪細胞的不足,達到保暖的功能。厭食症患者在生理上表現出許多飢餓的症狀:腹部膨脹、毛髮乾枯無光澤、沒有月經、虛弱並容易感染。飢餓也會引發某些心理特徵:沮喪、易怒、悲觀、冷漠,且腦裡想的盡是食物。他們經常夢到大吃大喝。

金・雀爾寧(Kim Chernin)在著作《偏執》(*The Obsession*)中,引述了許多不同年紀女性的話:

「我聽說過這種病,神經性厭食症。我一直在找身邊有沒有人得了這種病,我想去坐在她旁邊,這樣一來我也許可以得到這種病。」

「我有個表姊會趁沒人注意時把食物丟到桌子底下。後來她實在太瘦了,家人只好把她送去醫院。她一直是我崇拜的對象。」

「我有暴食症,我覺得很丟臉。這種病超可恥的。」

「我不在乎要花多久時間，我一定要馴服我的身體。我要讓身材苗條緊實。我一定會成功，死也不放棄。」

「能夠掌握身體，是至高無上的成就。你可以將身體打造成自己的王國，而你就是暴君，至尊的獨裁者。」

「看，我多瘦呀！比你要求的還瘦！我才不要吃多一點，我已經掌握了我的命運，要我餓肚子都沒關係。」

「我獲得很多稱讚。朋友現在都很眼紅，但我早就交了一群新朋友。以前看都不看我一眼的男生，現在都爭相要約我出去呢。」

「我不想這麼說，但我寧願大吃大喝也不要做愛。」

「我當了這麼多年心理醫師，還沒見過任何一個女孩子喜歡自己的身體。」

我那時20多歲。她在褪下衣服以前說有話要對我說：她有皰疹。當時我瘋狂愛上她那浪蕩的媚惑，覺得偶爾禁慾也是種莫名的性感，因此就連貞操帶也可以成為情趣用品。後來我們搬到同一個屋簷下，在愛情逐漸退燒之後，她的皰疹也成了我們爭執的原因。她提議我們乾脆結婚，這樣我就算感染了也沒差，誰也不會在乎。我則建議她至少試試向現代醫學的求助。

基於種種因素，我們並不適合彼此。但我現在感興趣的是，那個病毒究竟代表了什麼樣的漂浮意符（我想不出該用什麼詞了）？

我愛她的時候，病毒讓她更性感，但當我不再愛她，病毒卻讓我感到厭惡。身體本身並沒有意義，是我們賦予身體意義。

心理學家南西・艾科夫（Nancy Etcoff）在《美之為物》一書中說道：「如果只有國王能夠掌控足夠的食物及勞力資源，且因不愁吃穿、不需勞動而日漸豐腴，那麼在這種情況下，豐腴便成了聲望的象徵。瘦子就是無法攝取足夠卡路里或是勞動過度而無法增胖的窮人。但是當窮女人變成胖子以後（因為垃圾食物既便宜又容易取得，加上教育程度低落，不但對垃圾食物的害處一無所知，也無法負擔昂貴的健康食品），苗條就成了潮流所趨，而飲食控制與健身活動也變得高貴。」

《偏執》中有個瘦女人就說：「我受不了胖女人。若有個胖女人坐在公車上或咖啡店裡，即使沒有其他位置可坐，我也不願意走進去或坐在那個地方。」

另一個女人則如此談論超市的胖女人：「好像看到死人骨頭，店家應該用錢把她們打發走。看了她們，誰回家之後還有食慾好好吃頓晚餐啊？」

我父親則這麼嘲笑大肚男：「他們在偷渡西瓜。」

我跟蘿莉雖然都沒有過重，但我們每個月都會舉行減肥比賽。「想要再來一份嗎？」「我幫你做了香蕉蛋糕喔。」我們在做什麼？我們

會對彼此說:你很美;但我還不夠完美;我願意為愛做任何事情。

　　禁食讓身體擺脫了需求與慾望的轄制,讓我們能夠通透幻象。摩西領受十誡之前齋戒了40天,耶穌在頓悟之前也禁食了40天。中世紀的聖人(尤其是聖女)常藉由齋戒來展現個人的聖潔,若他們能夠超越人類的極限,便是上帝恩典的明證。古時候的修女也能透過控制呼吸來控制月經以及飲食需求。

　　聖女總是在禁食。十三世紀的聖瑪嘉麗(Margaret of Cortona)說:「我願死於飢餓,讓窮人獲得飽足。」聖女小德蘭(Thérèse of Lisieux)在1897年死於肺結核,得年24歲。彌留之際,她腸道出血,身體大量脫水,內心則渴望著豐盛的食物,飽受折磨。1903年,同樣在25歲死於肺結核的聖吉瑪(Gemma Galgani)常夢到食物。她向神父告解:「我能不能祈求耶穌取走我的味覺?」她承諾耶穌她將忍受苦難,替神父贖罪。她的祈求得到了應允。其後60天,只要食物一入口,她就會開始嘔吐。

　　1859年,美國醫生奇普立(William Stout Chipley)發表了一篇論文探討他所謂的「畏食症」,一種害怕食物的病症。1868年,英國內科醫生古爾爵士(William Withey Gull),也就是開膛手傑克的嫌犯之一,首次提及神經性厭食症,並於1873年對此發表演說。同年,法國醫生查理・拉賽格(Charles-Ernest Lasègue)針對「歇斯底里型厭食症」發表了長篇大論。他描述了以下病徵:停經、口

渴、腹部凹陷無彈性、頑固性便秘、皮膚蒼白乾澀、脈搏加速、容易疲勞、突然起身時會暈眩。這些症狀至今都仍與厭食症有關。

十九世紀晚期，食量小是女人優雅的象徵。年輕淑女要是承認自己胃口絕佳，一定會被譏為鄉巴佬，並淪為笑柄。維多利亞時

期的女人即使當了母親,還是會被告誡要隱藏飢餓感。假如真的喊餓,大家也會以為她們只是想吃些精緻的甜點或輕食,而不是想吃肉,因為肉類被認為會激起性慾。大口享受厚片牛排的女人,就是洩露了她應該壓抑的低俗本性。

2004年,英國作家希拉蕊・曼爾特(Hilary Mantel)寫道:「為什麼女人總是無法脫身?現在大眾對於理想身材的要求,似乎只有整形一途才能達到。完美女人得擁有企業總裁的賺錢能力、充氣娃娃的胸部、小巧的屁股,以及整齊無毛、如6歲娃兒般的純潔陰唇。這世界的標準越來越嚴苛,越來越難討好,難怪有些女孩想要逃開。厭食症本身聽起來像是很瘋狂的行為,但我可不這麼認為。這是一種退縮的表現,讓女孩子能夠保有自身,掙脫性愛與情緒的枷鎖。這就像耶穌說的:別碰我,別摸我,離我遠一點。這策略施行個一兩年可能有效:讓自己面黃肌瘦,退出這場遊戲,讓自己死掉一點點,並在外表消瘦之時豐富內涵,好爭取一些時間。畢竟大部分的厭食症患者最終還是恢復健康了。厭食症可以是一種應變措施,是生存的策略。」

莎士比亞的《辛白林》裡,殷娜琴顯然在15歲就死了。她的兄弟古德律斯和阿維拉古斯在她的墓前吟誦:「無論金童玉女,╱終須與掃煙囪的同歸塵土。」然後殷娜琴睜開雙眼,死而復生。

唯心唯物老問題

根據聯邦香菸標示及廣告法，美國販賣的菸草製品皆需標示以下警語（四選一）：

衛生署長警告：吸菸會導致肺癌、心臟病、肺氣腫及難產。
衛生署長警告：及時戒菸能大幅降低危害健康的風險。
衛生署長警告：香菸含有一氧化碳。
衛生署長警告：孕婦吸菸易導致流產、早產或胎兒體重過輕。

以上四種警語必須以相同頻率出現，但菸草公司可以自行選擇使用時機。因此菸草公司遵從聯邦香菸標示及廣告法規定，輪流於廣告上刊登這四項警語，每則出現頻率約25%。然而，經抽樣研究，在18份雜誌刊登的52則廣告顯示，《運動畫刊》、《君子》及《GQ》等男性雜誌最常出現孕婦吸菸的警語，幾乎占53%，而該警語出現在《小姐》、《麥柯》、《女士》、《浮華世界》及《職場女性》等女性雜誌的頻率，卻只有20%。

香菸含有一氧化碳的警語刊登在女性雜誌上的頻率為37%，卻未出現於樣本中的男性雜誌。一氧化碳警語的廣告常伴隨無憂無慮、一派輕鬆的年輕女性。一氧化碳是種有毒氣體，會影響人體的攜氧機制，因此廣告商顯然認為女人（尤其年輕女人）比男人笨，不了解這個事實。

刊登最多香菸廣告的雜誌是《小姐》，主攻年輕女性讀者。88%

的吸菸者早在20歲以前就已染上菸癮，但與20年前相比，吸菸人口唯一仍有成長的族群，便是青春期少女。

　　菸草公司刻意操弄衛生署長的警語，讓警語的效用降到最低。他們設想該類型讀者最可能對哪些警語無感，刻意減低警示效用。

　　每次我重讀蘿莉幾百年前寫的這篇政治社會學論文摘要，看到她仍然相信／希望人類所有行為皆出自某種程度的理性思考，總是大為感動。但所有證據皆顯示事實並非如此（例如厭食症）。當然，我父親是個例外：他於1950年代早期就開始抽菸斗（在當時期的相簿照片裡，他看起來相當尊貴），但他在某次網球比賽中發現自己開始喘不過氣來後，馬上就戒掉了。

性與死亡・二

在昆蟲界，雌蟲破蛹而出成為成熟的個體後，公蟲便會蜂擁而上，爭相與之交配。雌蟲交配，產下了卵，然後便死去。昆蟲的幼蟲期並不是成蟲的準備期，相反地，成蟲期只是幼蟲期的高潮，只是為了完成生命週期。

像鮭魚這種一生只產一次卵的生物，生命中大半時間都在為繁衍後代作準備。牠們長大，儲存力氣，等待生殖腺分化成熟。當荷爾蒙釋出訊息，體內將動用所有資源以發揮最大的生殖力，甚至不惜耗盡氣力，犧牲生命。如果在鮭魚生殖腺開始發育前就為牠結紮，可大大延長牠的壽命。

八月繁殖季即將來臨，公袋鼬的睪固酮濃度也開始穩定增高，至七月底達到巔峰。牠們的腎上腺增大，為血液注入更多荷爾蒙，造成生理上的興奮與壓力。為了爭取與母袋鼬交配的機會，公袋鼬會彼此廝殺，因此交配完後，不但傷痕累累，還會因胃潰瘍血流不止。公袋鼬的免疫系統太過衰弱，很容易成為寄生蟲的獵物，多半沒幾天就會死亡，留下母袋鼬獨自哺育失去父親的幼鼠。但母體也極為脆弱，能夠活到隔年繼續繁殖的少之又少。

很多男孩子的第一次射精都是夢遺，那是自發且無法控制的現象。他們幾乎什麼都沒做，身體就自動開始有性生殖的過程。這在本質上與女孩子的情況相當類似（雖然仍有許多重大差異）。也就是說，在你尚未適應活著的感覺，還不知如何自處，更遑論了解自

己以前,你的身體已經開始準備要繁衍後代了。

　　翻開人類歷史,大部分的人類在青春期就開始求偶,並在20歲以前生下第一個孩子。人類學家蘇珊・費瑟(Suzanne Frayser)研究了454個傳統文明以後發現,人類新娘的平均年齡為12~15歲,新郎則是18歲。

　　過去30年間,美國孩童及青少年的自殺率倍增,成了青少年第三大死因。旺盛的荷爾蒙對有些青少年而言也許太多,每逢春季美國校園槍擊案件便多得不成比例,就是一例。

籃球夢・六

高二那年,我摔斷腿的前一個月,我們整裝待發,準備打第一場聯賽。教練羅西先生站在更衣室的黑板前,不斷玩弄、捏碎手中的粉筆。剛開始我們以為他只是在激勵士氣。他的腳尖來回踢著板凳。我們繼續穿上客場球衣,套上筒襪,想說羅西教練可能喝多了。突然間,他激動了起來。

他口中爆出「迪克・施若德」這個名字。這時我們才突然意識到,對耶,迪克跑哪兒去了?該不會是在我們打贏林肯高中那天受了風寒,請假在家休養吧?給他幾顆阿斯匹靈,叫他坐計程車趕來,對吧,羅西教練?

「迪克昨晚在他家的車庫出事了。他父母說那不是意外。他已經離我們而去了。」

我們關上置物櫃的門,過一會兒才明白羅西教練說了什麼。接著我們又花了一年的時間,才真正意識到發生了什麼事。迪克・施若德會哈最酷的菸、開超強馬力的雪佛蘭。他老是添購新衣服和汽車配件,到處吹噓又跟誰上了床。他這麼忙,怎麼可能自殺?

一週後,校刊上登了訃聞。裡面引述大家稱讚他是多麼優秀的學生,而這簡直是侮辱我們的智商。文末引用愛默森所說:「死亡不是終點,只是過渡。」這給予大家很大的安慰,讓我們知道迪克並非永遠離開,這只是攻防轉換的過渡。

羅西教練宣布迪克自殺的消息後,問我們是否願意繼續比賽。

出乎他（也出乎我們）意料之外，大家都想去。前往比賽場地的公車上一片死寂，也沒有人做暖身。比賽開始後，我們試圖模仿迪克，想要傳球出去，來個傳切戰術。大家都在找無人防守的隊員，大家都在找迪克。我們都希望明天一早起來會發現他只是開了個玩笑。如果我們都像迪克那樣打球，也許他會從車庫冒出來，秀一招三打二的戰術。我到90歲都會記得那記球：隊上的明星球員布萊德‧蓋柏擺脫防守，我緊隨在後。他給我一個地板傳球，我接了起來，張望是否有人跟在我身後。我一直等，但就是沒有隊員來接替。於是我擦板得分，全隊大獲全勝。

成年與中年

THE THING ABOUT LIFE IS THAT ONE DAY YOU'LL BE DEAD

衰落與凋亡・二

如果你能夠長生不老，永遠停留在某個年紀，你希望留在幾歲？隨著年歲增長，大家心目中的理想年紀也越來越大。18~24歲的人想要停留在27歲，25~29歲的人想留在31歲，30~39歲的想要在37歲，40~49歲的想要40歲，50~64歲的想要44歲，64歲以上的則想永遠活在59歲。

你的智商在18~25歲達到顛峰。25歲時大腦的體積最大，其後開始縮小，重量開始減輕，顱內的液體也逐漸變多。蘇格蘭諷刺作家卡萊爾（Thomas Carlyle）在寫給父親的家書中提到他弟弟傑克：「他身為傑出的弱冠男子，卻認為世俗的階級與舒適一文不值，心靈的尊嚴才是一切。而我呢，作為28歲的明理人，認為他的想法就像詩歌，幾年以後就會跟散文混為一體了。」歌德說：「人若到28歲還未成名，就別做光宗耀祖的夢了。」

31歲時，我聽說有人在書店的女廁牆上寫著：「大衛・席爾是了不起的作家，是明日之星。」這大概是我人生的顛峰期了。那時我青春痘早已盡消，頂上還有頭髮，不必刻意減肥就可以保持身材，隱形眼鏡也還戴得上去。我自以為有一天一定會大紅大紫（最近我想討些讚美之詞，於是問父親他覺得我現在的成就如何。結果他說：「你小時候真的好會運動，我還以為你一定會成為專業籃球選手還是棒球員什麼的！」）。現代醫學之父奧斯勒（Sir William Osler）說道：「世上最有影響力、最撼動人心、最有生命力的成就，

都是人類在25~40歲達成的。」這些話所言不假。我們的創造力在30多歲時達到高峰,其後迅速下降;大部分的創作都是在30幾歲時完成的。法國畫家竇加(Edgar Degas)說:「每個人在25歲都很有天分,到50歲還保有天分才是困難之處。」還好圖書館文獻裡有這段安慰之詞:45歲時,你的字彙量比20歲時多三倍,60歲時大腦儲存的訊息容量是20歲的四倍。

你的力氣與協調能力在19歲達到高峰,在20歲之前身體柔軟度最好,之後關節的功能就會開始逐步退化。世界級的短跑選手幾乎都是青春期尾巴或20出頭。你的耐力在20~30歲出頭時最佳;馬拉松紀錄保持人始終都是25~35歲的選手。

年輕時,你的肺容量非常大,連世界級的運動員都很少用盡肺活量。但隨著年齡增長,你的肺逐漸失去彈性,導致無法吸滿空氣或完全排出廢氣。20~60歲之間,人體肺部的供氧能力每年減少1%。

前洋基教練史丹格(Casey Stengel)說:「性本身不是年輕球員表現不佳的原因,而是因為前一夜盡在找機會上床。」

我父親在他的老人寫作課上寫了這麼一篇文章:

1938和1939年的夏天,我在陽光之丘當網球場的維護員,偶爾教教網球。陽光之丘座落在紐約市東北方130公里處的山丘上,

是可以容納120人的小型度假村。上工第一天，老闆娘跟我講解了一下工作內容：『很抱歉，這個工作的薪水很低，一個夏天才200美金。但是額外的福利就夠你賺的了。』

我天真地問：『有什麼額外福利？』

她答道：『你一會兒就會明白了。』並向我狡猾地眨了個眼。

24小時後，一個放浪的褐髮美女朝我走來，問我是否教授網球課。

我說有，問她什麼時候上課比較方便。

風騷的網球學生嬌聲問：『除了網球，你還教其他課程嗎？』。

『小姐，只有網球喔。』我好不容易吐出這句話，同時伸出手。『我叫米爾，明天十點見。』

『我知道，』她回答，但仍緊握著我的手。『我會準時到。』她好像不打算把手放開，但我需要收回右手來發球。『我叫伊娃，伊娃·高登。』

隔天早上接近十點，我帶著一桶用過的網球抵達球場，心裡不禁好奇這個愛握手的性感女士究竟球技如何。十點十五分，伊娃還是沒來。昨天那些該不會只是考考新任網球教練的計謀吧？一般都認為網球老師既迷人又性感，不過我跟這些形容詞可是一點都沾不上邊。

我正想走，伊娃卻在此時悠閒地走到球場上，大方地說：『教

練，我來了！』她打扮得花枝招展，下半身穿著鮮紅色短褲，上半身穿著低胸背心，我幾乎都可以看到她的心臟了。

　　我正經八百命令道：『開始吧。』我十一點還跟另一個學生有約。

　　伊娃在球場上的表現出乎意料得好。她的正手如溫布頓冠軍海倫·威爾斯一樣順暢，反手亦強勁有力。

　　我問她：『妳是網球校隊的球員嗎？』暗示她休息時間到了。

　　她回答：『嗯，杭特大學。』

　　第一次伊娃在度假村住了兩個星期，每天都來上課。我們在……咳咳……球場外也廝殺了幾回。她在課外活動上的表現跟她在球場上一樣優秀、爆發力十足。

　　那年夏天她又回來兩次，每次都住上一個星期，也都有來……嗯……上課。到勞動節假期前，我們之間的感情已經變得越來越認真，但我之後得回到城裡，努力在經濟大蕭條中找到工作，而伊娃則要回杭特大學完成學業。此外，我們已經不是容易意亂情迷的小孩子了，我們都了解那僅是一段夏日戀情。這段感情值得珍惜，但基於種種因素，我們無法繼續下去。如果繼續發展一定很棒，但我們最後決定在飯店酒吧以一大杯酒作結。

動脈硬化最早會於20歲發生。

　　年紀越長，你對外界各種刺激的反應就越慢，精準度也降低，

尤其在處理複雜的工作時更為吃力。在20~60歲，你對噪音的反應時間減慢20%。60歲時，學習語言會犯更多錯誤，70歲時你察覺到細微改變的能力減弱，可能連時鐘指針的移動都無法察覺。

以24個單字測試記憶力，20歲的受試者平均能記得其中14個字，40歲可以記得11個，60歲記得9個，70歲只能記住7個。

大部分的人在20歲以前骨骼便已發育完全。30歲時骨骼質量達到顛峰，這時你的骨骼最為緻密強壯。人類的骨骼具有驚人的強度與韌性，能夠承受每平方公分約1700公斤的壓力，是鋼筋混凝土的4倍。但如果移除骨頭內的礦物質，剩下的部分則柔軟到可以打結。到了30好幾，身體流失的骨質比製造的還多。剛開始流失的速度很慢，一年才流失1%。但年紀越大，骨質就會流失越多。

步入20歲以後，嘗到鹹味或苦味的能力開始減弱，辨認氣味的能力亦然。唾液裡的澱粉酶（一種用來消化澱粉的酵素）也開始減少。30歲以後，消化道裡的消化液變少。換句話說，你20歲時開始流失水分，到了30歲就快要脫水了。

美國影星洛琳·白考兒說：「在美國，女人過了26歲就開始走下坡，而且自此每況愈下。這對自信心和幸福感的提升實在沒什麼幫助。」

天才吉他手吉米·漢卓克斯英年早逝，得年27歲。同齡過世的還有搖滾歌手珍妮絲·賈普林、音樂人吉姆·莫里森、滾石樂團

團長布萊恩‧瓊斯、超脫合唱團主唱科特‧柯本,以及藍調歌手羅伯‧強生。

在30歲以前,你的肌肉握力持續增加,在40歲以後卻大幅下滑。65歲以後,下臂及背部肌肉氣力變小。另外,由於協調能力變差,人過了50歲力道也會減弱,轉動曲柄需耗費更多時間。但我父親都60好幾了,跟我比腕力還是輕鬆取勝。

30歲的男人對運動、喝酒、修車等典型的男性活動不再那麼熱衷。所以我說啊,要懂得感恩惜福。不過,我在年近30讀研究所時還跟同學打籃球,而那是我人生最快樂的時光之一。在一次快攻中,我在底線接到球,威廉‧梅菲爾(他曾是愛荷華大學籃球隊前鋒)向前防守,我轉身過人,投籃得分。(他在放水嗎?誰知道,不過我也不想知道。)我那些書呆子同學驚呆了,直說:「你看起來一點也不像是會打籃球的人啊!」是啊,我四眼田雞,腰間又擠出一截游泳圈,這肯定是我在做夢。

美國哥倫比亞大學前校長巴特勒爾（Nicholas Murray Butler）說：「很多人的墓碑上面應該刻著『死於30，葬於60』。」古波斯人相信，人生的前30年應該用來過生活，後40年則用來理解先前的生活。叔本華的說法中，數字則倒過來：「人生前40年是本文，後30年是評注。」盧梭說：「人永遠都在追求：10歲是糖果，20歲是美色，30歲是享樂，40歲是成就，50歲是財富，之後還有什麼可以追尋的，不就是智慧嗎？」不過我父親從小到大，無論是10歲還是90歲，都是個享樂主義者。

　　你在30歲以前脊柱仍會持續成長，20~30歲間可能還會長高3~5公釐。但30歲以後，你開始每年變矮1.6公釐。由於脊椎變短，臀部與膝蓋朝地面方向彎曲，加上腳弓變平，你的站姿也會改變。我父親從180公分縮水到170公分。隨著年紀增長，人體不但流失水分，器官也會縮小，因此30歲以後，身體每天攝取的熱量會逐年減少12大卡。

　　大部分的人在30幾歲時就會逐漸喪失高頻聲音的聽力，男人失去高音聽力的可能性比女人高3.5倍。無論受損程度如何，聽力平均每10年變差2.5倍。此外，能保持外耳道濕潤的汗腺日益退化，於是耳屎越來越乾硬，逐漸堆積並阻礙聽力。大約三分之一的老年人都是因為耳垢堆積而損失聽覺。你的耳膜也會越來越薄、鬆弛，使得耳膜無法隨聲波震動。久而久之，你對所有音頻的聽力都

會越來越差。

邊緣系統稱為「情緒中心」，存在於大腦的海馬體。海馬體是人類與蜥蜴共有的大腦結構。（你的大腦分為三層：腦幹掌管日常生活所需的基本功能與基本情緒，屬於爬蟲動物層。哺乳動物層涵蓋了負責學習及適應等較複雜的心智功能。第三層則包括大部分的大腦，也就是腦皮質與小腦，主管語言及較複雜的記憶能力。）30歲之後，海馬體的各個區域便開始衰退。

愛默森說：「過了30歲，除了五、六個早晨以外，人們每天早上都將滿懷悲傷的心情起床，至死方休。」

托爾斯泰於31歲時說道：「在我們這個年紀，你不止是藉由思考，而是透過親身體驗了解到追尋快樂是多麼無用和徒然；你會發現人生只剩工作和勞煩這些折騰人的事情。此時，自我追尋、煩惱憂愁、不滿現狀以及悲傷懊悔等年輕人的特質，都變得無謂又無用。」

法國大革命的領導人之一德慕蘭（Camille Desmoulins），在上斷頭台前被問及他的年齡（他當時34歲），他答道：「我33歲，和平民耶穌走上十字架的年紀一樣，是革命分子最致命的年紀。」

幾乎每個人到35歲以後都會出現一些老化的徵兆：逐漸灰白的頭髮、皺紋浮現、體力變差、速度減慢、主動脈血管壁硬化、心血管退化、大腦血液量減少、血壓升高。我父親35歲時唯一面臨的老化現象，倒是只有急速後退的髮線。美國成人有三分之一罹患高血

壓。計算一分鐘內最大心跳數的方法，就是用220減去你的年紀，因此你的心臟每年少跳一下。心臟這台幫浦的效能可謂每下愈況。

不過在我父親身上很難找到身體效能下滑的證據。他到了90歲，仍然天還沒亮就醒來，然後換上慢跑裝，繫緊鞋帶。鳥才剛開始啼叫，粉彩般淡藍的天空還透露著絲絲黑影，他就已經開始慢跑。不消一個小時，他已經跑了20圈操場（不過後來變成15圈，其後又減為10圈）。操場沒有看台，沒有照明，也沒有分道，中央雜草叢生。直線跑道末端有座乾涸的噴水池，跑道上布滿玻璃碎片與石塊，但他毫不在意。他踏過泥土，上下擺動手臂，直到夜色在他的腳步聲中褪去，曙光乍現。他在給我的信中寫道：「果不其然，我仍然是當年那個瘦皮猴，以飛馬般的速度在布朗區追著棒球跑。」

風濕性關節炎最常在35~55歲發作。

1907年，36歲的法國作家雷歐托（Paul Léautaud）說：「那天有人問我：『你最近在做什麼？』我回說：『我正忙著變老。』」

電影《與安德烈共進晚餐》中的華勒斯・夏恩說：「我在紐約上東區長大，10歲時還是個有錢的小貴族，出入乘坐計程車，生活安逸自在，只在乎藝術與音樂。現在我36歲了，滿腦子只想著錢。」

莫札特享年35歲，拜倫36歲，拉斐爾與梵谷則是37歲。

為十八世紀英國文學家約翰生作傳的包斯威爾（James Boswell）說：「我必須公正地說，年輕人與長輩會有代溝，多半是後者的錯。

年輕人雖然熱情魯莽,但只要對方待之以禮,多半還是會心平氣和地接受老人的指教。可是老人家總是忘記自己年輕時的感受。」包斯威爾說這句話的時候年方37,而約翰生69歲。每次我跟我父親提及我的成就,他都會快速轉移話題,或是開始講別人更傑出的事蹟。但有一次我問他,每對父子是不是都有彼此競爭的心態,他迅速地否認了,還說他對我只有驕傲和讚賞之情。

倫敦交響樂團指揮柯林・戴維斯38歲時說道:「我想很多人都有野心消磨殆盡的問題。過去20年來督促你、激怒你、引發你最糟糕一面的驅策力已經慢慢消蝕。我發現我變得更安靜了,我想。我對音樂的熱情不減,但我已經沒有以往過剩的精力可以瘋狂和陶醉。我覺得我比以前更自由了。」

最老的拳王38歲,最老的NBA球員43歲。1909年,出現了以41歲有史以來最高齡打破世界紀錄的田徑選手。1920年,首次出現了42歲奧運金牌得主。在《坎特伯利故事集》的前言中,喬叟寫道:「倘若金也生鏽,那鐵該何去何從?」

到了40歲,你不再那麼喜歡快節奏的活動。

從40歲開始,負責對抗癌症與傳染病的白血球細胞活動力降低。

傑克・倫敦死於40歲,貓王享年42歲。

我30歲生日時,在女友的鼓吹下打了左耳的耳洞,還買了一

副鑽石耳環。接下來10年，我戴過各式各樣的耳環，但實在不怎麼適合我。耳環迫使我面對自己的風格，也可以說是讓我意識到自己根本沒有風格可言。我的男子氣概不足，沒法戴耳環裝硬漢；也不夠女性化，就算戴在右耳也不像同志。我就這樣胡亂戴了好幾年，久而久之，耳環也逼得我面對自己，承認現狀，並著手做些改變。還好到了40歲生日，我聽了娜塔莉的勸（她覺得我活像個海盜），拿下耳垂上的金色耳圈，從此沒再戴過。

費滋傑羅享年44歲，他的記事本上寫著：「20歲微醺，30歲爛醉，40歲翹辮子。」

中動脈和大動脈血管壁，每年都會堆積越來越多脂肪，造成血管壁狹窄。小腸的重量會逐年減輕，腎臟的體積與重量也會縮小。年過40歲以後，輸入腎臟的血液每10年減少10%。到最後，所有器官將無法吸收足夠的養分以發揮功能。

美國報紙專欄作家唐‧馬奎斯（Don Marquis）享年59歲，他說道：「40和45歲就夠糟了，50歲簡直慘不忍睹，15分鐘後你就60歲了，然後再10分鐘你就85歲了。」

波蘭裔英國小說家康拉德（Joseph Conrad）說：「45歲是男人最輕狂的年齡，他們依舊藐視向著他們展開雙臂的衰老與死亡。」有關男性中年危機如婚外情、買紅色跑車等事時有所聞，就生理層面而言，這其實就是「憤怒吧，憤怒反抗光明的消逝」那種深層反

叛。我父親的第一段婚姻之所以失敗，就是因為他跟猶太基金會的紅髮美女秘書搞外遇。那個秘書的照片至今還詭異地出現在我們的家庭相簿中。

西塞羅說：「老年期從46歲開始。」他享年53歲。

約翰‧甘迺迪死於46歲。

吳爾芙說：「我們現在應該學會掌握生命，這是門經濟管理學。我如窮人般戒慎恐懼。我現年46歲。」

雨果說：「40歲是青年期的後段班，50歲是老年的前段班。」

我10歲生日時，父親56歲。他投球力道之大，我跟我朋友都很怕打他的球。「給我站到打擊區上！」他對我們吼道。

明星血統・二

　　1955年，我父母住在洛杉磯，母親任職於美國公民自由聯盟。愛因斯坦於該年4月過世後，她拜託父親邀請喬瑟夫・席爾克勞特出席自由聯盟贊助的追悼會。後來我詢問更多細節，我父親回信寫道：「畢竟，愛因斯坦是德裔猶太人，而席爾克勞特為了工作也在柏林住了那麼久。此外他也同樣是在希特勒統治前就逃離德國的菁英分子，又住在聖塔莫尼卡一帶的太平洋帕利賽德。」

　　父親要到了席爾克勞特的電話，致電過去表示自己也姓席爾克勞特，並邀請他到追悼會上致詞。經過電話裡多次一來一往，以及冗長難熬的停頓之後，席爾克勞特叫我父親帶著講稿去找他。幾天後，父親來到他比佛利山莊的住所，讓他過目如果他應邀出席追悼會時的致詞稿。席爾克勞特前來應門，僵硬地向（出生時名為席爾克勞特的）席爾打招呼。「他公事公辦，態度冷漠疏離。」他們稍微聊了一下彼此的家庭，我父親跟他提到1923年那次到後台拜訪對方父親的故事。但喬瑟夫對家庭的族譜一無所知。我父親說：「喬瑟夫・席爾克勞特可說是……我想這麼說並不誇張，他不在乎他的猶太傳統。」

　　席爾克勞特的房子又大又寬敞，但他只和父親在玄關聊了約30分鐘。「之後我向人轉述這個故事總是誇大其詞，我說他活像普魯士大兵，腳跟喀擦一聲立正敬禮。其實他沒有。」席爾克勞特說，他得把講稿拿給多爾・沙瑞（Dore Schary）過目，因此請父親一週

後再去一趟。(沙瑞是作家,後來當上雷電華及米高梅製片公司的總監。當時美國瀰漫著反共情緒,電影圈許多人都被列入了黑名單,沙瑞也是。)

父親二度登門時,席爾克勞特仍然在玄關跟他草草講完。「我去了兩次,他從未請我到客廳坐坐,而他太太就在隔壁房間走來走去,他也沒有介紹一下。」最後他說沙瑞核可了講稿內容。講稿內容幾乎取材於愛因斯坦針對公民自由、學術自由及言論自由的文章。追悼會辦在當時的好萊塢運動俱樂部(後來改建為猶太教大學),當天講者還包括諾貝爾物理獎得主萊那斯‧鮑林、美國公民自由聯盟首席顧問A.L.萬林、劇作家及「好萊塢十君子」非官方發言人約翰‧霍華‧勞森、被列入黑名單前曾以《玉女神駒》中伊麗莎白泰勒的母親一角獲得奧斯卡最佳女配角的安妮‧里維爾,以及我父親堅持在當時小有名氣的小說家里安‧福特萬格勒(父親認為這位作家至少與喜劇演員馬克斯兄弟齊名)。

活動免費入場,偌大的會場座無虛席,走道上也坐滿了人。聯盟理事長伊森‧孟路(我母親終生愛慕他)請擠不住去的觀眾到樓上的小房間或站或坐。他向觀眾保證所有講者在大禮堂演說結束後都會到樓上再講一次。活動延誤了一會兒,大概到八點半才開始,但席爾克勞特仍不見蹤影。理事長問父親:「米爾,你表親在哪兒?時間快到了。」我父親一再保證他會出席:「他這麼重要,這種場合

絕對不會缺席。」他的名字在宣傳廣告裡被列為最重要的貴賓之一。

席爾克勞特終於現身了。理事長問他願不願意像其他講者一樣，也為樓上觀眾再演講一次。席爾克勞特說，他會先跟大禮堂的觀眾發表演說，之後的事情「再說」。

鮑林、萬林、勞森、里維爾及福特萬格勒等講者在大禮堂受到熱烈迴響後，都紛紛上樓再次發表演說。我父親回憶：「在當時的氣氛下，再無聊的講者、再枯燥的內容，都變得慷慨激昂。然後最後一位講者上場了。他站上講台時，底下的觀眾正竊竊私語、騷動不安。畢竟他們已經沉浸在悼念偉人的情緒中。席爾克勞特看了觀眾一眼，使出了演員的招數：他低聲說了前兩句話，讓大家安靜下來。他確定大家都專心了以後，再慷慨激昂地唸出接下來的台詞。演講結束時，全場起立鼓掌。然而這些掌聲給的是這個對政治一竅不通的人，也許還更糟：這個人不但不認同自己的演講內容，也不認同愛因斯坦的貢獻。但他靠著精湛的演技把台詞唸完，表現得無懈可擊。」

席爾克勞特下台後，我父親趨前詢問他上樓的意願。席爾克勞特把父親當透明人，正眼都沒看一眼就直接走出門外。「這次他真的像極了普魯士大兵。那是我最後一次見到他，嗯，最後一次**親眼**見到他。當然啦，《安妮的日記》我看了不下六次，要是電視有播，我還會再看一遍。」

男孩與女孩・三

在30~34歲，女人的生育能力是20~24歲時的85%，40~44歲剩下35%，50歲以後幾乎是0。男性生育力的下滑速度則較為緩慢：45~50歲間，男性仍保有生育力高峰期的90%，依這樣的速度，55歲後只會下滑到原先的80%。因此男性若與年紀較長的女性結婚，基因散播出去的機會便較少，但女性與年長男性結婚卻沒有同樣的問題。

2005年1月22日，佛羅里達棕櫚灘海邊的聖公會教堂裡，61歲、身價約25億美金的唐納・川普，在400名賓客見證下三度步向紅毯，迎娶來自斯洛維尼亞的奧地利籍藍眼名模瑪蓮妮亞。兩人交往6年，結婚時新娘37歲。川普的前兩任妻子瑪拉與伊娃娜也都是名模，他與第一任妻子所育的兩子一女以及第二任妻子所生的女兒也都參加了這場30分鐘的結婚典禮，而慶祝活動則為期三天。

婚禮上，說過可能想生小孩的新娘點燃了她受洗時用過的同心蠟燭（隔年孩子誕生時，新生兒照片以六位數美金的天價賣給《時人》雜誌）。新娘瑪蓮妮亞希望婚禮「時尚優雅、簡單大方又性感」。她的結婚禮服由90公尺長的白紗縫製而成，拖曳著4公尺長的裙襬，重達23公斤，動用了28位迪奧裁縫師以1000小時縫製、50小時鑲邊繡花。川普這麼形容他太太：「每回我們一起走進餐廳，在場所有成年男子都會流下眼淚。」

負責婚宴餐點的法國名廚馮傑利荷登說，新任的川普太太「品

大家出版 讀者回函卡

感謝您支持大家出版！

填妥本張回函卡，除了可成為大家讀友，獲得最新出版資訊，還有機會獲得精美小禮。

購買書名 _____ 姓名 _____

性別 □男 □女 E-MAIL _____

聯絡地址 □□□ _____

年齡 □15－20歲 □21－30歲 □31－40歲 □41－50歲 □51－60歲 □60歲以上

職業 □生產／製造 □金融／商業 □資訊／科技 □傳播／廣告 □軍警／公職
　　 □教育／文化 □餐飲／旅遊 □醫療／保健 □仲介／服務 □自由／家管
　　 □設計／文創 □學生 □其他_____

您從何處得知本書訊息？（可複選）

□書店 □網路 □電台 □電視 □雜誌／報紙 □廣告DM □親友推薦 □書展
□圖書館 □其他 _____

您以何種方式購買本書？

□實體書店 □網路書店 □學校團購 □大賣場 □活動展覽 □其他_____

吸引您購買本書的原因是？（可複選）

□書名 □主題 □作者 □文案 □贈品 □裝幀設計 □文宣（DM、海報、網頁）
□媒體推薦（媒體名稱）_____ □書店強打（書店名稱）_____
□親友力推 □其他 _____

本書定價您認為？

□恰到好處 □合理 □尚可接受 □可再降低些 □太貴了

您喜歡閱讀的類型？（可複選）

□文學小說 □商業理財 □藝術設計 □人文史地 □社會科學 □自然科普
□心靈勵志 □醫療保健 □飲食 □生活風格 □旅遊 □語言學習

您一年平均購買幾本書？

□1－5本 □5－10本 □11－20本 □數不盡幾本

您想對這本書或大家出版說：

廣 告 回 函
臺灣北區郵政管理局
登記證第14437號
（免貼郵票）

23141
新北市新店區民權路108-2號9樓
大家出版 收

請沿虛線對折寄回

大家出版
common master press+

名為大家，在藝術人文中，指「大師」的作品
在生活旅遊中，指「眾人」的興趣

我們藉由閱讀而得到解放，拓展對自身心智的了解，檢驗自己對是非的觀念，超越原有的侷限並向上提升，道德觀念也可能受到激發及淬鍊。閱讀能提供現實生活無法遭遇的經歷，更有趣的是，樂在其中。　——《真的不用讀完一本書》

大家出版FB　|　http://www.facebook.com/commonmasterpress
大家出版Blog　|　http://blog.roodo.com/common_master

味無可挑剔」；川普是他的房東。結婚蛋糕高達1.8公尺，上頭妝點著3000朵糖霜玫瑰。婚宴場所位於川普的瑪阿拉歌莊園，並有36人的交響樂團現場演奏。

　　比利喬55歲時，迎娶23歲的美食記者凱蒂‧李，並由19歲的女兒擔任伴娘。比利也受邀參加川普的婚禮，他形容這是「非常美麗的典禮」。

　　導演約翰‧德里克（John Derek）53歲接受訪問時被問及，如果他23歲的嬌妻寶‧德里克毀容或癱瘓了，仍會愛她嗎？他思考了一會兒，誠實地回答：「不會。」妻子當場試圖以笑容化解尷尬，奈何一絲笑容也擠不出來。

性改變（一切）

更年期通常發生於45~50歲，這是人類特有的現象，也具有演化上的意義：人類母親在50歲以後會開始面臨老化的負面影響。她無法再生育小孩，也因此更有機會活下來，把兒孫撫養長大，把生命貢獻給下一代。

更年期的來臨是循序漸進的：停經前約10年，女性的月經週期可能會逐漸縮短。30歲時，正常週期為28~30天，40歲時減為25天，46歲剩下23天。35歲以後，女性的卵子基因較容易有缺陷，一旦受精，生下先天性畸形兒的機率較高。此外，更年期的濾泡不再聽大腦指令乖乖製造雌性激素，於是女性體內的雌性激素，尤其是其中最重要的雌二醇，變得少之又少。

雌性激素減少，使得女性的陰毛越來越稀疏，陰唇起皺，而陰戶周遭的皮膚也跟著萎縮。陰道的細胞壁變得脆弱易撕裂，陰道乾澀易感染，且收縮擴張的能力也減弱，較無法適應陰莖插入（影星米基・隆尼曾這麼形容前妻艾娃・嘉娜：「她那兒獨一無二，像兩瓣溫暖的櫻桃小嘴。」）停經後的女性若未施打雌性激素，陰道長度與直徑會縮小，胸部下垂，加上脂肪會取代乳腺組織，更加劇了下垂趨勢。此外，乳頭也會變小，不易受到刺激而挺立。乳房上的妊娠紋色澤加深，脂肪開始堆積，尤其以腰部、頸部、手臂與大腿的情形最為明顯，造成身體不平均的肥肉分布。唯一的例外是臉頰，沒了脂肪的面容變得凹陷（蘿莉的朋友告訴她，40歲的女人得在臉

蛋和臀部間做個抉擇：妳要小巧的臀部和乾癟的臉頰，還是圓潤的臉蛋和肥大的屁股呢？」)。女人的皮膚也會變皺、變乾和變薄。男人的真皮層比女人厚，這可能是女人臉部肌膚老化較快的原因。停經前的女性通常有骨質密度不會降低，但停經後，女性較同年齡男性更容易骨質疏鬆。

　　20~40歲間，女性的性慾被挑起後，陰道潤濕所需時間為15~30秒，50~78歲的婦女則需1~5分鐘。年輕女性在性慾高漲時，陰道擴張不會有疼痛感，年長婦女的陰道則無法完全擴張。年輕女性的小陰唇會由於充血而脹紅，且陰蒂會突起，年長婦女則沒有這些現象。性高潮時，年輕女性的陰道會均勻有節奏地擴張收縮，通常間隔為一秒鐘，且持續8~12次，子宮也會同時收縮。但年長婦女只有4~5次的收縮，且子宮收縮有時會疼痛，她們也比較容易從高潮狀態中恢復過來。

　　男人40歲以後，前列腺後方的組織開始萎縮，肌肉退化，取而代之的是無彈性的結締組織。前列腺有時還會生成硬塊，造成精液量減少及射精壓力變小。很多男人由於前列腺中央的腺細胞與結締組織過度生長，造成排尿時疼痛不已。幾乎所有男性都會有前列腺腫大的問題，我父親也不例外（他在85歲時動了前列腺手術）。伴隨該病灶而來的荷爾蒙變異可能會引發各式疾病，甚至癌症。睪丸癌好發於30幾歲的男性，其後發生率大幅下降。陰莖表面會生

成越來越多無彈性的結締組織,致使陰莖靜脈與動脈硬化。血液流量減少後,勃起變得越發困難,也難以持久。某個醫師形容老男人短暫而劇烈的性衝動為「前列腺的迴光返照」。

20~40歲男人受到性刺激後,約3~5秒會勃起,50~89歲男性則需要10秒至數分鐘的時間。年輕男性很快就感受到射精的衝動,年長男士則不然,有時甚至大戰好幾回合都還不會射精。年輕男性在性高潮時,尿道收縮可持續3~4次,每次間隔1秒鐘,精液射程為30~60公分。年長男士的收縮則只有1~2次,精液射程在7~13公分,不但精液較少,其中有效的精子數量也較少。此外,年紀越長,不成熟的精子比例也越多。年輕男性在高潮過後,需要數分鐘或數小時分兩階段恢復,而年長男士的恢復期只有一個階段,且只要幾秒鐘。

往好處想:紀錄上男性最老的生殖年齡是94歲,女性是66歲。

往更好的方面想:我母親過世幾年後,當時70歲的父親告訴我:「我這一年來跟莎拉(他的新歡)行房的頻率,比過去25年來跟你母親還高。我不是說一夜一次喔,我是說幾乎每夜兩三次,而且隔天早上再繼續。」

死亡預兆

　　頭髮從皮膚裡的毛囊長出來，但毛囊中除了生成毛髮的細胞，還有黑色素細胞可將色素儲存在頭髮根部，在製造頭髮蛋白質時為頭髮染上顏色。如果製造的是真黑色素，你的髮色就會從褐色到黑色不等。如果製造的是類黑色素，則會生成紅髮或金髮。如果這些黑色素細胞完全停止運作，你就會有一頭蒼蒼白髮。

　　其實灰髮並不存在，你的頭髮只會轉白不會轉灰。你看見的一頭灰髮其實只是處於過渡階段中白髮與黑髮混雜分布出的髮色，因此肉眼所見的灰髮多寡，端看你原髮色與白髮的混合比例而定。

　　每個人都有100萬個毛囊，但其中大約只有10萬個會長出頭髮（金髮人髮量稍多，紅髮稍少），其餘的90萬個都在休息。每根頭髮每年成長15公分，最長可達60~90公分，且擁有自己的血液供應來源。隨著年紀增長，頭髮的髮量、髮徑和韌度都會減少，因為產生頭髮的毛囊越來越少，進入休息行列的毛囊則越來越多。頭禿了，臉上的毛髮卻開始旺盛。此外，頭髮不但色澤改變，質地也不一樣了：直髮可能變卷髮。男人的眉毛變粗，外耳管也會冒出毛來。

　　由於雌激素不足以平衡體內的睪固酮，停經後的女子會冒鬍

子，到55歲以後，約40%的女人上唇會長鬍子。女人的年紀越大，腋毛就愈漸稀疏，更年長的女性甚至腋毛會掉光。大部分日本女性在停經後腋毛會完全退化。超過60歲的女性中，有少部分的人陰毛會掉光。

你每天大概掉100根頭髮，秋天時掉得特別多，春天時較少。掉髮的原因是荷爾蒙濃度改變，這表示禿頭的人對荷爾蒙的改變較為敏感。父母若禿頭，孩子也較易禿頭。大約四分之一的女性有掉髮的困擾。

在坐二望三的年紀，由於腎上腺分泌逐漸減少，有些製造頭髮蛋白的細胞（也就是生殖中心）便會受到破壞或喪失功能。受侵襲的頭髮脫落後，將不再生成新髮。

美國有4000萬個男性禿頭。55歲的男人中，有30%是禿子，而65歲的男人中，60%曾歷經嚴重落髮。無論男女，一般都認為禿頭男比頭髮茂密的男性軟弱，也較不具吸引力。75%的男性都很在意自己禿頭，40%的人會戴假髮遮掩。男性最普遍的整形手術便是植髮。

禿頭沒藥醫。早在公元前1500年左右，古籍《埃伯斯紙草文稿》（Ebers Papyrus）中便教導埃及人使用螃蟹膽汁、黑牛角的血液、燒過的驢蹄、母狗的陰唇及腳爪調配出神奇藥水來治療禿頭。

伍迪·艾倫說：「你最好表現出你的年齡該有的樣子。如果你

才16歲，或未滿16歲，那就盡量不要禿頭。」

專為名人做公關的哈林・波爾（Harlan Boll）說：「要巴勃・霍伯和法蘭・仙納杜拉這種人保住青春並不難，這到今天都還很有道理。只要男人能保住頭髮，就差不多大功告成了。」

前懷俄明州的禿頭參議員艾倫・辛普森（Alan Simpson）在為布希和錢尼助選時，批評對手凱瑞和愛德華道：「每個人都有一定的荷爾蒙配額，但如果你想把全部的荷爾蒙都花在長頭髮上，那是你家的事。」

我父親才40歲頭就禿了。他非常在意這件事，總是說他治療禿頭的唯一方法就是戴頂棒球帽。不管在室內或室外，他整天都戴著球帽。雖然我一再跟他解釋男人的禿頭因子至少有部分是得自外公的遺傳，他仍然經常為了我的禿頭跟我道歉。我30幾歲時試遍了所有老方法：塗落健，也閱讀一本本亮面的廣告別冊，研究裡頭宣傳的織髮、植髮和熱水浴療方。幾年前，我試過把頭髮剃光，留起山羊鬍的造型。我必須說我很欣賞這個作法，因為這是面對死亡，而非否認死亡的存在（舉個極端的例子，不像有些人把頭髮梳到另一邊掩飾禿頭）。你的頭頂風光預示了你的死亡。

食物真麻煩

味蕾具有再生能力。味蕾內的細胞每10天死亡一次,並由新細胞完全取代。即使某條生成味蕾的神經受到損毀,其他味蕾也會圍繞著新神經長出。但上了年紀以後,必須有更多食物分子舌頭才辨識得出味道。年紀越大,越難享受食物的滋味。不過每次我去探望父親,他第一件事就是要我載他去健康美食專賣店。我不確定他有沒有辦法享受食物,但他這部精力充沛的機器整天想的就是為身體充電。吃飯時他老是邊吃邊講話,食物塞得滿嘴且噴得又多又遠。因此在餐廳用餐時,我得和娜塔莉、蘿莉輪流坐他對面。娜塔莉建議我們應該製作一個攜帶型噴嚏防護罩。

不過:

1991年,英國有13%的男性及16%的女性肥胖,相較於10年前成長了兩倍。目前英國人口中有一半過重,超過20%肥胖。過去5年內,英國境內零食的消費量攀升了25%。

美國有超過60%的人過重或肥胖。1億2700萬人過重,6000萬人肥胖,900萬人嚴重肥胖。美國成年人的平均體重比1960年增加了11公斤:美國男性從75公斤增至87公斤,女性從平均64公斤成長為74公斤。我懷疑老爸在二戰後體重就一直維持在70公斤左右,從來沒有太大波動。肥胖的女人比男人還多(34%比27%)。1963年,10歲男孩平均體重為34公斤,現在是39公斤。同樣地,當年10歲女孩平均體重為35公斤,現在則增至40公斤。

1980年，美國政府建議女性每日需攝取1600大卡的熱量，男性需攝取2200大卡。現在女性每日攝取1877大卡，男性則攝取2618大卡。1970年，每人每年消耗680公斤的食物，到了2000年，一個人要吃掉806公斤的食物。美國每年花在治療肥胖的健保費用就要1000億美金。2004年，全國有30萬人死於肥胖。

　　我父親究竟有沒有跟鐵軌一樣瘦過（或是跟電到他的供電軌一樣瘦）？他早餐幾乎都吃燕麥和果汁，午餐是三明治和一碗湯，晚餐吃一小片魚或雞肉。他難道沒有多吃過其他東西？別人請他吃甜點時，他每次都得碎碎唸，心不甘情不願地接受。他難道沒有哪天會偷懶不運動嗎？即使在長程的家庭旅行中，他仍會三不五時下車開合跳個100下，引來高速公路上其他旅客欽羨的眼神，他們可是看傻了眼。

　　我家對面是一座基本教義派的教會。在幾個陰鬱的星期天，我看著人們魚貫進入教堂，內心則不免充滿同情。長大成人並不如我們所憧憬地那麼美好，所以他們每週花一小時來這邊尋求一點點向上的力量，又怎麼能怪他們呢？

　　作家麥可斯（Leonard Michaels）說：「人生還沒有美好到不用香菸。」一語道盡我與糖分的關係。「今天真是一團糟。」我每個星期大概都要講兩次這樣的話，然後來到某家咖啡館，它有賣最棒的焦糖米香棒：「但是這真好吃。」某個汽車保險桿貼紙上寫著：「先

吃甜點，畢竟世事難料。」鬼才導演昆汀‧塔倫提諾被問及為何喜歡吃香甜船長麥片，他答道：「因為它好吃又容易準備。」不管是香甜麥片還是焦糖米香棒，我對這些不太精緻的精製糖類食品簡直毫無招架之力──早餐麥片、小甜餅、麥根沙士、甘草糖、花生脆糖等，一吃再吃，全是小孩子的玩意兒。

　　開心時，我吃甜食慶祝。沮喪時，也吃甜食撫慰心情。因此我總是找得到藉口吃糖。我不菸不酒也不磕藥，但我磕糖。那又怎樣？誰不是這樣的？會有什麼害處嗎？我仍有輕微口吃，而用糖過度能讓我以近似失憶所帶來的化學性狂喜，形成腎上腺素上升那樣短暫又喜悅的快感（但很快又會從天堂墜入地獄）。對我而言，吃甜食正是暫時超脫殘酷現實的絕佳代表。

我所知道的一切都是從背痛學來的

殘酷的現實（二）：我不得不承認，我總是將我背痛的問題歸咎於14年前，那時娜塔莉還是嬰孩，我不斷把她拋上接起，還揹在胸前跑來跑去。這個病因不是很可靠，畢竟如果不是因為這件事，也會有其他原因。一個物理治療師告訴我，我的背是個不定時炸彈，爆炸是遲早的事。但我一直把娜塔莉牽扯到我的背痛問題，不是沒有道理。因為我在對抗背痛的過程中，從這必朽毀的身體和軀幹中學習到珍貴至極的一課。

電視喜劇演員傑瑞・賽恩菲德（Jerry Seinfeld）當爸爸以後表示：「我非常愛我的孩子，但我們得了解這些小娃兒來到世上是做什麼的。他們是來取代我們的。他們的確很可愛、柔弱又甜美，但是他們希望我們閃邊去。」

我多麼希望有幸成為娜塔莉眼中的大力士，但我不是。我雖然有辦法扭開緊鎖的瓶蓋、跟她比腕力，也能把她定住猛哈她癢，但要是她想坐在別人的肩膀上森林漫步，或是在泳池裡被拋來拋去，那麼她得找別人了。每次參加派對，我第一件事就是找張椅子坐下，因為我無法久站。我沒法跟娜塔莉玩呼拉圈，也沒法跟蘿莉跳舞。每次試著慢跑，到頭來都弄得右腿釘滿鋼釘。外出旅遊時，總是由蘿莉提重行李，在家裡，也是由她負責搬動家具。我不是大力士。

你可能會懷疑，我自己也懷疑，蘿莉也絕對這麼懷疑：我忍受皮肉之痛的限度低得可憐。但我的醫師跟我說，跟我有一樣毛病的

人,有些還能打高爾夫球和網球,有些則在輪椅上坐了15年。我的情況不上不下:我從未因為背痛請假,但我絕對抱足了怨。我時時都在注意自己的背痛,與其說我是疑病患者,不如說我愛自怨自艾,執著於自己的身體障礙。幾年前,我聽到一位老祖母接受《美國人生》的訪問,那集談的是「世界末日」。她說她很樂意回天堂去,因為這樣她便可以擺脫身體的痛苦,一了百了。我聽見這段廣播時正在開車。每轉一圈方向盤,我的背就劇痛一次,因此當下我必須承認,我完全了解她的意思。

父親這輩子連腰都沒閃過,直到最近才開始有一些狀況。但他對於撐了將近一世紀的健朗身體並不怎麼感恩(「我94~97歲這三年所看的醫師,比0~94歲加起來還多。」)過去10年來我求診過的醫師和物理治療師已多到數不清。其中一位醫師說我應該盡速動手術,他下星期有空,另一位說我只要做做抬腳運動就好了。一個物治師建議我多跑步,另一個建議我少跑步。一個說人體不是創造來像我這樣久坐的,另一個說人類根本就不該直立。一個說我應該年復一年找他治療,另一個在治療幾個月後就數落我怎麼還不切斷臍帶自立更生。我以前認為我這輩子與口吃奮鬥的過程已教會我所有該學的事,但我現在覺得該死的背痛才是我的老師。傑哈德·尤納斯(Gerald Jonas)寫了一本有關口吃的書,直指口吃是「眾說紛紜的病症」。背痛的理論似乎也同樣是個羅生門:就如所有人類的問

題，解決方法多得數不清，但就是沒有正解。

　　九一一事件過後幾天，我向一位專治背痛的醫師求診。他不像其他95%的醫師總以權威自居，而把自己當一般人看。問他今天如何，他會跟你說「糟透了，我的病患沒一個好轉。」他自己也有背痛問題。要是東西掉到地上，他也會遵循正確指示，蹲下身子去撿，而不是跟一般人一樣彎下腰去撿。我跟其他醫師談話時總覺得自己是個瘋子，但跟史丹·海令醫師講話，我卻感到無比自在。我第一次看診時，他就跟我強調，有許多背痛病人已經喪失了自我，他們的人生除了背痛之外一無所剩。在海令醫師看來，世貿中心的自殺客跟這些職業病患類似。他們存在的目的全都建立在身體的病痛與受難。他想要表達的訊息很微妙，但我懂了：不要讓自己變成自殺客。

　　海令醫師建議我去看一位物理治療師，他的名字挺不可思議的：狼哥·包利。他的綽號就叫狼哥，長相和動作也有點像狼。他跟我一樣，禿頭（而且索性剃得精光）、戴眼鏡、留山羊鬍，不過我高瘦笨拙，他則短小精悍。但我覺得自己跟海令有較多相似處：我們都是喜歡自嘲的猶太人。至於狼哥醫師，他是芝加哥出生的愛爾蘭人，為人熱情真誠，自視為人類的療癒者，還會到世界各地最有禪意的地方旅遊。我跟他分享一篇我吹捧喜劇演員比爾莫瑞（也是個怕死的傢伙）的文章，他卻給我看一篇國際黑市奴隸交易的報

導。他所負責的「身體藝術與復健中心」裡,牆上盡是古代中國哲學家和基督教神祕主義者的語錄。他不是我可以稱兄道弟的好麻吉,反而比較像是個嚴厲的工頭。有次他幫我測量肌腱柔軟度(或者說根本沒有柔軟度),忍不住悶哼一聲對著我噴氣。某天早上,我打給他說我不舒服無法看診,他說:「你給我來,不然我在這裡做什麼。」然後幫我電療加按摩。我在物理治療的世界裡最美好的經驗莫過於給狼哥按摩。

我以前常扭傷背,每每痛得倒在路邊呼天搶地。但多虧史丹和狼哥的療程,我的病情似乎控制住了,我不再閃到背。我坐在放了泡綿靠墊的椅子上,每個小時起來做運動,或至少提醒自己要做運動,或洗個熱水澡、冰敷或熱敷。晚上我側睡在乳膠床墊上,起床時不直接坐起,而是先找到「身體的中心點」(真的有這種東西!)再起身。狼哥一再提醒我,他跟海令醫師都沒有解決方法。我得靠自己,把復健當作生存之戰,而我也對他再三保證。當然,我連去藥房買牙膏都當作是為生存而戰。

但有哪條生存之路能夠不仰賴藥物走下去?我這輩子不斷在接受語言治療,但至今最有效的方法仍是在上台演講前吞下半毫克的抗焦慮錠。鎮痛消炎藥布洛芬誠然大幅舒緩了我的背痛,但抗憂鬱劑帕羅西汀的效用最為神奇。

一開始我堅決反對海令醫師的處方,因為我父親大半輩子都受

躁鬱症所苦。1956年夏天母親懷我時,父親才承認他有憂鬱症的病史,他怕我會對他的精神造成負擔。

31歲的年輕母親問他:「那是什麼東西?是說你三五不時會就會悶悶不樂嗎?」

他說:「我想我慢慢在克服這個問題了。但是經過二次大戰,再加上先前短暫失業,我還需要接受一點電擊才能熬過來。」

患有躁鬱症不表示你會變成毒蟲,也不表示你得時時面對死亡的威脅。去年12月,蘿拉收到一張卡片,上頭畫著一群呆呆的小矮人(看來像聖誕老人的寶貝軍團)正在製造「聖誕快樂」的字樣。躁鬱症比較像那樣:你知道每座湖都是人造的,而且遲早都會乾涸。我父親會好幾年都看起來好好的,既幽默又好動,接著在某一天回家時,所有負面情緒瞬間爆出,來勢洶洶一發不可收拾。父親有次代表扶貧計畫出差到沙加緬度,並寄給我一封全白的信件,讓我完全摸不著頭緒。還有一次我在冰箱裡找剩菜剩飯,卻看見一張以膠帶重新黏好的字條,上頭還沾著濕黏的血跡,可憐兮兮地在呼求同情。這種時候,母親就會幫他整理好行李,讓他羞赧地跟我們揮手道別,彷彿正要前往夏令營的小男孩。

不過海令醫師保證他沒有偷偷治療我的憂鬱症。其實,醫師使用帕羅西汀來舒緩病患的慢性疼痛已有十多年歷史。過去幾年來我每日服用10毫克的帕羅西汀,有點怕我會變成終日咧嘴憨笑的傻

瓜,但轉念一想,我已經夠白癡的了,而且我既然那麼愛抱怨,偶爾笑一下死不了的。

也許是藥物裡的選擇性血清素再吸收抑制劑發揮了作用,現在的我不再鎮日怨天尤人,而是告訴自己能夠和蘿莉與娜塔莉一起快活度日,是多麼值得感恩的事。我還重新愛上了蘿莉。我在完全了解自己的缺點後,也學會了解並包容她的缺點。睡覺時我齒間塞著夜間咬合器,鼻上貼著「好呼吸」止鼾貼布,雙腳間夾著枕頭。平時我外套口袋裡一邊放著冰敷袋,另一邊是一袋消炎藥。我實在不是什麼萬獸之王。

這些需求帶給我的羞辱,如此赤裸裸地呈現在眼前,我卻甘之如飴。而這也在在告訴我一件事:我們只是這個世界的過客,赤條條地寄居在終必朽壞的軀殼內。朋友在50歲生日時,包下了住家附近的體育館大肆慶祝,而我則整晚瘋狂打著籃球,彷彿回到20歲:「回轉吧、回轉,如飛而逝的時光/今晚讓我重溫兒時舊夢!」根據蘿莉的說法,我那天「像小馬一樣馳騁全場,叱吒風雲」,不過當然幾個星期後我的背痛加劇,好幾天都動不了。至少我現在還可以動。我的背永遠會痛,或者說疼痛永遠來來去去。海令醫師喜歡這麼說:「痛是難免的,苦卻是可以避免的。」我向蘿莉轉述這句話後,她忍不住說了聲:「海令醫師,謝謝你。」前陣子,我問狼哥我為什麼會有背痛。他解釋道,直立行走是人類重要的演化適應,

但脊椎排列方向與地心引力作用正好相互對抗，因此脊椎常受到壓迫，造成神經疼痛、椎間盤破裂。然後他說：「但你的問題呢，是態度不佳所致。」他只是在開玩笑，但我想我懂了。

記一方社區水池

　　游泳是我目前治療背痛最好的方法。我不是出色的泳將，總是在慢速道游蛙式或簡單的仰式，但兩個星期沒游泳，我才驚覺自己有多麼想念它。回到泳池後，我發現這就是電影《來自邊緣的明信片》中艾芙琳所謂的「我的腦內啡」的來源。我幾乎無法忍受星期天，因為當天游泳池會閉館。

　　綠湖社區活動中心外頭是健康人士聚集的地方。市中心的大湖畔，健美的人們沿著湖一圈圈地慢跑、競走，或是溜著直排輪。有人打著赤膊打籃球，也有玩棒球的中學生和玩極限飛盤的雅痞；有人喝著牛奶打量路人，也有人在踢足球、打排球、玩壘球。室內泳池則是殘障人士的棲息地：拄拐杖的、戴護膝的、套護頸的，不然星期三下午一點誰會有空且願意來這裡游泳啊？我身旁的人都是剛動過膝蓋手術、脊椎手術，或者出過車禍的人；還有每天盯著體重計卻1公斤都沒減掉的胖子；也有帶著狗兒的輪椅人士，只要有風吹草動，忠心耿耿的狗就會開始吠叫；還有另一個輪椅人士，他的助手是個開心的百貨公司賣鞋小弟；一隻海象（一個蓄八字鬍的大傢伙，大家都鼓不起勇氣告訴他，他打水時會激起海嘯）；從紐澤西前來進行變性手術的人，他的穿著一次比一次女性化，胸部越挺越高，屁股越來越翹，舉手投足也越來越有自信。就是這位仁兄有次告訴我，更衣室裡因為爆發瘟疫病關閉一天，結果只是遊民在褲子裡大號了。這邊的人都想要重拾些什麼。在男子更衣室裡，大家

彼此不怎麼交談，但這樣的氣氛瀰漫了整個空間。

　　泳池裡的那些游泳健將消磨太多時間在聊天了。他們不像我們那樣為了恢復體態想方設法拚命游完指定的36趟（1.6公里）。這些泳將擁有在水面上滑行的神奇能力，而我們只能不斷下沉、下沉、下沉。游泳池裡，有我們這種快散掉的老骨頭，也有美好的年輕胴體。這個泳池正上演一場時間的拔河賽。

　　在水面下的空間裡，每個泳客似乎都有點自我迷失（不小心碰到別人的腳趾或肩膀常會給人錯誤的親密感）。在綠湖社區游泳池，在其他軀體的陪伴下，我最能感受這種人類的迷惘。我們都只想活著，僅僅為了在潛進水底前瞥一眼自己在水面上的倒影。漂浮的目的是什麼？就是讓自己漂浮著。我喜歡這種失重又美妙的存在感。

　　直到前陣子，我父親仍保持每天游15趟的習慣，而且是頭下腳上跳進水裡，不像我總是大搖大擺走下去。可惜他現在飽受關節炎所苦，他在社區泳池即使橫著游，划個一、兩下就會停下來抱著腳喊痛。他一直都很喜歡玩糟糕的雙關語，現在他很愛拿關節炎來做文章：「關姐嚴，關姐嚴，關姐延。」我們都知道沒有關姐這個人，她也沒辦法幫我們延遲老化。今年初某天，我倆成了泳池裡唯二的泳客。我的背感覺一點問題也沒有，我來回游著、轉身，老爸則在淺水區蹣跚前行。沒過幾分鐘，他爬出泳池，擦乾身子，然後帶著體育版做蒸氣浴去了。

成年與中年　　　　　　　　　　　　　　　　　　　　　記一方社區水池

性與死亡・三

所有動物,包括人類在內,在達到性成熟之後,身體機能馬上就會開始走下坡。人類的衰退從25歲以後開始。

對鮭魚、章魚和許多其他動植物而言,繁殖是自願的自殺行為。繁衍完後代,身體即成了無用的軀殼。實際上,身體只是宿主,而生殖系統是將身體帶向死亡的寄生蟲。

生物學家威爾森(E. O. Wilson)說:「以達爾文的觀點而言,生物並不是為自己而活,其主要功能也不是為了繁衍其他生物,而是要製造基因,作為基因暫時的載體。作家巴特勒(Samuel Butler)著名的格言『母雞只是蛋製造更多蛋的工具而已』,現在有了新版本:生物只是DNA製造更多DNA的工具罷了。」

蝙蝠的壽命比老鼠長,但繁衍速度比較慢。鳥類比陸地上的哺乳類動物活得久,但不會飛的鳥類壽命較短。有些烏龜和海龜的壽命比人類還長。身處危險環境的生物不怎麼照顧自己,而將大部分精力投注於生兒育女,但生活環境較安全的生物則恰恰相反。

沒有性經驗的果蠅,生命都比生育過的果蠅長。蘇黎世大學的動物學家布希耶(Luc Bussière)表示,要判定公蟋蟀是否交配成功,最佳指標是看牠花多少時間求偶。他說:「我們藉由控制飲食來加強蟋蟀的求偶行為。攝取高蛋白飲食的公蟋蟀性行為頻繁,但壽命較短。為了吸引母蟋蟀,牠們可說是把自己活活累死了。人類可能會覺得這似乎事與願違,因為沒有人想英年早逝,我們都想要

長命百歲。但動物活著的目標不是活得長久,而是要繁衍後代。」生存的本能與生育的本能是相互抵觸的。

平均來說,壽命較長的女性生育能力較弱。不過沒有後代的人並不會比有後代的長壽。別以為不生小孩就可以把生育的資源挪用於延長自身壽命,你傳播基因之後就可以滾蛋了,但不傳播基因卻不會因此變得長命。

我父親常不自覺向我抱怨養家活口有多麼累人,而且語氣不帶嘲諷。他有次這麼說:「這麼說好了,我想要一個不需委屈求全的美好人生,但現實並非總是如此順遂。有很多工作我實在沒什麼興趣,但為了繳交帳單,扛起一堆債務和財務責任,我還是硬著頭皮做了。」

有個實驗將公老鼠與母老鼠以電鐵絲網隔開,公老鼠被痛電了一次以後就退縮了,但母老鼠仍繼續向前衝,最後全數遭電擊死亡。

女人豐滿勻稱的臀部是生育力的象徵,其囤積的脂肪在懷孕期間能作為母親體力的來源。娜塔莉出生幾週後,我從超市走回家,手上提著尿布和嬰兒食品等雜貨。在路上我注意到一名年輕貌美、外表光鮮亮麗的女性穿著細肩帶上衣,開著紅色敞篷車。但我發現自己會注意她,是因為她散發出了一種為全力以赴延續人類生命的意圖。我從未想過我會以這個角度來看待這檔事。

許多好萊塢電影呈現的正是這種赤裸裸的繁衍奧祕,專讓生

育力最強的男女在螢幕上談情說愛。在奧圖・普里明傑的電影《蘿蘭祕記》(Laura)中,有個活在文字世界、不懂得享受人生的八卦專欄作家,也有只會滿口胡謅又蠢到不懂得人生為何物的年輕小白臉。只有刑案偵探馬克能看穿人生,儘管遭遇種種危險並面臨死亡的威脅,他依舊成功掌握了人生。最後作家誤殺別的女人,自己也遭擊斃;小白臉天真地投向老女人充滿母性的懷抱。而電影末尾,偵探與女主角蘿拉則終成眷屬,一起從事人類的生育行為。

這正說明了我們對美麗的著迷:演化適應讓我們學會評估對方是否為合適的生育伴侶。男性大學生在看完數張美醜不一的女性照片後,比較甘願為貌美的女性犧牲冒險。漂亮女性「飛上枝頭」的機會比長相平庸的女性大10倍。這不是什麼新聞了。但母親會花較多時間緊抱漂亮的孩子、凝視他們的眼睛,而對於較不好看的孩子,則會把更多時間花在嬰孩的需求上,且容易分心。早產兒常有張令人誤以為成熟的臉孔,總被認為難照顧又脾氣不好,而大家也比較不會自願去照料他們。同樣地,一項研究發現,受加州及麻州法庭保護的受虐兒中,有相當大比例的小孩長得不好看。

若是請受試者走近陌生人,在覺得不自在時可以停下腳步,結果發現,面對容貌姣好的陌生人,他們在60公分的距離外會停住,但對於長相平庸的陌生人,則在30公分外才打住——美麗會畫出防禦疆界。我小時候,父親長得極為英俊,堪稱猶太王子,他到現

在都還沉浸在那段回憶當中。我出版第一本小說時舉辦了一場小小的慶祝派對，父親卻沒出席，只因為他認為自己那天不夠帥。那是1984年的事了，當年他74歲。

大家看到特別漂亮的小女生時，常喜歡說：「她長大後不知會讓多少男生心碎啊。」我覺得這樣的說法既奇怪又發人深省。這句話究竟是什麼意思？這是說她長大以後會把美貌當作武器，而大家也期待她這麼做。

南西‧艾科夫在《美之為物》一書中提到了美洲白冠雞。這些灰色鳥類的雛鳥擁有橘色的羽毛和光禿的頭，這些雛鳥在餵食期間會轉為亮紅色。也就是說，小鳥在餓的時候會閃著紅澄澄的羽毛，懇求母鳥餵食。研究人員將部分小鳥的羽毛修剪掉以後，這些色澤單調的小鳥獲得的注意力與食物都會變少，因為母親會優先餵飽羽毛鮮艷的小鳥。人類的母親若是產下生命有危險又體重不足的雙胞胎，總是偏好較健康的那個，對生存機率較大的孩子又哄又抱，逗他玩，對他說話。一個母親的資源有限，因此她必須了解應花多少心力撫育新生兒才不至於危及自己以及其他孩子的生命。

生殖細胞會在我們這些必然朽壞的軀體中分裂出更多生殖細胞，以提高與異性生殖細胞結合的機率。延續種系的渴望乃是天擇的驅力，至於個體壽命的長短則成了次要問題。通過演化考驗的動物，其生理儲備都會多於達到性成熟並孕育後代所需，一旦達成

繁衍的目標，他們還會有剩餘的精力隨波逐流，而這段多出來的時間，才是所謂的壽命。你是一條沒有職責的鮭魚。

1930年，癌症病患的存活率五分之一，1940年是四分之一，1960年增為三分之一，1990年存活率提高到40%，現在則有一半的病患能夠存活。美國女性每八人就有一人會罹患乳癌，且風險隨著年紀逐步攀升。其中三個危險因子包括初經過早、年過30歲才產子或從未產子、50歲之後才停經等。也就是說，你被逼得要算準時間上台，在時間內講完台詞，然後準時下台，要是稍有偏差，就會受到懲罰。生物法則只有一個亙古不變的道理，表達方式很多，但簡單講就是兩個命令句：「產卵」，然後「去死」。

我在藥房排隊結帳時，一個二十出頭的小伙子跟他漂亮的龐克風女友想要插隊。我請他到後頭排隊，他說：「這是怎樣，你以為還在國中嗎？」我說：「不是，我們在藥房排隊，但你的行為……」他問我頭上為什麼長不出毛，我就反譏他怎麼長不高。我們對話的水準可謂相當高尚。他推了我一把，我也推回去。他舉起拳頭說：「有種到外面單挑。」突然間我好像又回到了六年級，上回打架已經是40年前的事了。我腎上腺素瞬間湧上，聽到自己心臟怦怦作響，還有點喘不過氣來。我婉拒了他的戰帖，但我答道：「生命是有規矩的。」（隊伍裡的中年同胞則紛紛點頭稱是）有嗎？我嚇了一跳，我從沒想過我有天會說出這種鬼話。如果生命有規矩，那是什麼？

最近我在派對上無意中聽到一個女人在引誘年紀只有她一半的年輕小伙子：「我45歲，但我很緊的。」生命大概就是這樣子了：性與死亡，生育與遺忘。

美國小說家約翰·厄普代克在28歲時寫的《兔子，快跑》中提到：「為大自然生兒育女之後，我們等於付清了贖金，沒有利用價值了。我們成徹頭徹尾的垃圾，是光禿禿的花莖。」

34歲的籃球員史蒂夫·納許（Steve Nash）在三年內獲封兩次NBA最有價值球員，同時也是一對3歲雙胞胎女娃的爸。他說：「我想我逐漸了解我的人生是多麼渺小。我仍熱愛我的工作，喜歡和朋友、家人相處，但你發現這兩個女孩多麼天真柔弱。你發現你的人生在某些方面而言，已經結束了。」

英國小說家威廉·薩克萊（William Thackeray）說：「20歲很棒，但47歲時，維納斯女神或許會從海中冉冉升起，但我就得戴上眼鏡才瞧得到了。」

幾年前，我跟蘿莉說，我們這個年紀的人（48歲以上）似乎都吃了「好好先生丸」，大家都變得更圓融了。蘿莉說：「不是他們變了，是你，你人變好了，所以你覺得大家也……」

我抗議道：「才不是，我才沒有變呢，我是銳利的刀鋒。」

巴瑞漢納（Barry Hannah）在他的短篇小說中描寫了年近50的主角：「他還是不知原因究竟為何，但就是有個龐然巨物悶不吭聲

地落下，如此就了定位，彷彿一聲沉重的低語。奈德麥斯已然觸及天堂，而他難以相信一切竟是如此靜謐。」

感謝海令醫師提供笑話一則：婚後性行為分為三種。新婚時，你們慾火焚身，在家裡到處做愛。幾年後，熱情消退了一些，你們只在房間做愛。更多年之後，你們在家中相遇時，只會說聲：「幹。」已婚夫婦中，有五分之一每個月做愛不到一次。最近我還在廣播裡聽到某位女性聽眾建議，夫婦做愛的頻率不該高於報稅的頻率（一季一次？一年一次？）。

過了生育期以後，人體中虛弱的環節逐一浮現。舉例來說，胸腺在性成熟後開始退化。50歲時，胸腺的質量只剩原先的5~10%，而胸腺製造的荷爾蒙濃度也在25歲之後就開始減少，到了60歲以後則不見蹤跡。

停經後，子宮的重量與尺寸會開始縮小，到65歲時重量只剩30歲時的一半。60歲以後，男性在睡眠中勃起次數越來越少。性幻想的次數減少，強度也減弱，到65歲以後就幾乎沒有性幻想了。

古希臘悲劇詩人索福克里斯在老年時終於擺脫性慾：「好似擺脫了令人狂亂的枷鎖。」

不過我父親又再度成了這些衰落與凋亡的反例。這是我父親年近90時在課堂上寫的文章：

　　有趣的是，我們很容易錯看別人，尤其容易錯看女人。我們很容易受到初次見面時做的事和說的話所蒙蔽。我們第一次約會後，我以為我們一個月內就可以成為情人，就算是最糟的狀況也只需六個星期或兩個月。我初次遇見維吉妮亞是在帕羅奧圖的老人活動中心。我到那邊聽一場演講，主題是小說的未來。我抵達時已經遲了，所以只在最後一排找到空位，恰巧身旁就是她。等到演講、發問和茶敘都結束以後，我說，太晚了不安全，我陪妳走到停車場吧。我護送她上車，並禮貌性地說了聲「很高興認識妳」，然後準備轉身就走。這時她手伸進皮包掏出一張名片，要我打電話給她。
　　兩週以後我打了電話。那是某個週五晚上，我問她隔天晚上有沒有空見面，並且道歉約得這麼臨時。她說不必道歉，並邀請我去她家吃晚餐，還說非常歡迎我，我的到來有如五月的花朵云云。後來每次我約她出來，都得聽她重複「五月的花朵」的老梗，真要命。
　　在那第一次約會中，吃完飯後我幫她洗盤子，她說什麼能有我在家裡幫忙真好，還說她那忙碌的聖克拉拉醫師老公在幾十年的婚姻生活中都沒幫她洗過一次碗。聽到這句讚美，我馬上接話：「我不認為女人就得待在廚房。我不是那種大男人。」她開心地咯咯

笑,說什麼我真是個好人,還說很高興那天晚上遇到我。

到了十點,維吉妮亞建議我們看看新聞。我們坐在沙發上,我握起她的手。15分鐘後,我試圖吻她。這其實沒什麼,但她推開我,請我慢慢來,要有耐心,說自從她丈夫3年前過世以後,我是她第一個交往的男人云云。最後她說了這句話,而且往後還一直不斷出現:「米爾,我需要多一點時間。」

沒問題,我當晚便向她如此保證。我們牽著手把新聞看完。還不錯啦,我記得我開車回家的那45分鐘是這麼想的。再過一段時間就成了,不會失敗的。我是孤單的鰥夫,我多的是時間,口袋裡還有一點錢,而她是寂寞的寡婦,急著找人作伴。情況對我大為有利。這是她透露出的訊息,而且還頗為明顯。

幾個月之後,維吉妮亞和她已故丈夫的多年好友舉行結婚40週年紀念,我們一道參加,晚上回到她的住所已經是半夜了。我那晚喝得比平常多,舞也跳得比平常多,我們跳了五、六支舞。放慢歌時她似乎把我摟得特別緊,她以前沒這樣過。

回公寓時,我感覺有點陶醉,有點春心盪漾。腳一踏進屋裡,大門一關,我便笨拙地想抓住她,但她阻止了我的攻勢,說她得上洗手間,順便換下一身緊繃的晚宴服。我幻想她的言外之意是先前她要我耐心等候,今晚就會得到回報了。

於是我也著手準備:我脫掉深色外套,鬆開黑色領帶,將它們

掛在椅背上。我也脫了鞋子，放到沙發底下，然後像個小學生，滿心期待地等著。

維吉妮亞從浴室走出來，播放一片夢幻的音樂卡帶，然後來到我身旁坐下。我抓住她，把她推倒在沙發上，嘴巴湊上她的唇。她又推開我，請我慢慢來。於是我試著把手滑進她的浴袍，撫弄她豐滿的乳房。

就在這時候，她又重複了第一次約會那句話：「拜託不要催我。米爾，我需要多一點時間。」但那天晚上我不打算相信她的台詞、她的技倆了。我心中的維蘇威火山爆發了，我吼著：「妳到底需要多少時間？妳丈夫都過世3年了，不是嗎？」她和她老公近40年完美的婚姻是怎麼回事？我提醒她，她跟我說過她有過三段婚外情，其中一段還長達7年。那段婚姻恐怕不怎麼完美啊。「小姐，不管是跟我還是跟其他人，妳該繼續過自己的人生了。」

結果她問我們是否能當朋友？能不能丟開性愛？

那簡直是壓死駱駝的最後一根稻草。我一把抓起椅背上的外套和領帶，拉出沙發底下的鞋子，氣沖沖走向大門，口中還不斷噴出咒罵。我說我受夠了她的遊戲和表演，六個月的挫折、六個月純潔無性的關係有點太超過了。我告訴她，我需要的，我渴望的，不過是愛與溫暖，是一段美好且滿足的關係，而我以為這也是她想要的。我說：「如果我想要朋友，買條狗就好了。」我不知我這句話

打哪兒聽來的，但我自忖，此話一出肯定是覆水難收了。她目瞪口呆，想說些什麼話來反駁卻又啞口無言。不用說，我們之後再也沒見面了。

籃球夢・八

我感受過生命中動物性的原始狂喜,這種感覺多半是在我打籃球的時候出現,但現在這種喜悅只會偶爾冒出。這就是人生。我51歲,而這就是我的現狀。不過我覺得我父親可能要年過95才會有這種感受。

THE THING ABOUT LIFE IS THAT ONE DAY YOU'LL BE DEAD

老年與死亡

衰落與凋亡・三

英國文豪約翰生在寫給一個年輕朋友的信中說道：「我在你這個年紀的時候，也是自信滿滿的21歲青年，從沒想過我有一天會變成今天這把49歲的年紀。」

50歲時，你下半身感知震動的能力大幅下降，負責傳遞訊息至大腦的神經功能亦減弱。過了50歲，你的大腦每10年就減少2%的重量，學習變得困難，記得的東西也越來越少。其實健康的老年人並不會有記憶本身（也就是實際的信息編碼）衰退的問題，但是擷取記憶的速度會變慢，總要一試再試才想得起來。年紀較長的人容易分心，難以一心多用，注意力也不集中。老年人在執行簡單的工作和應付一般情況時沒有什麼問題，但若加上做運動或處於壓力下，就常顯得吃力。可能正是因為如此，有些老人會覺得力不從心，因此不再追尋刺激，轉而尋找慰藉。

英國小說家渥夫（Evelyn Waugh）說：「老年人比年輕人有趣多了。其中一個有趣之處在於，不管他們年輕時再怎麼恣意妄為，到頭來，過了50歲還是會乖乖重複父母的習慣、舉止和想法。」

喬治・歐威爾說：「50歲之後，每個人都有自己該有的容顏。」

古羅馬史詩《伊尼伊德》（Aeneid）的作者維吉爾享年50歲。

上了年紀以後，眼球的水晶體會開始混濁（白內障），視神經細胞也可能會因為青光眼或黃斑部病變而受損。52~64歲、65~74歲和75歲以上三個族群中，分別有42%、73%及92%的人需要帶老

花眼鏡。父親在20年前動過白內障手術以後，就不太需要老花眼鏡了。

莎士比亞享年52歲。

影星約翰・韋恩（John Wayne）說：「我現年53歲，身高193公分，我娶過三個老婆，生了五個小孩和三個孫兒，喜歡高檔威士忌。我還是搞不懂女人，也不認為有哪個男人真的搞懂過她們。」

你的體重在55歲以前還會增加，之後就會直直落（更精確地說，你流失了瘦肉、肌肉質量、水分和骨質）。你的脂肪開始往大腿堆積，反而比較少囤積在腹部。你的四肢變細，軀幹變粗。中年發福的原因不止是脂肪組織變多了，還要加上肌肉張力減弱、皮膚細胞不再強健，導致皮膚變薄。

但丁享年56歲。

在50~60歲，你的視覺記憶小幅減退，70歲以後即開始大幅下滑。

英國劇作家考沃德（Noel Coward）這麼勸一個中年朋友無需再節食：「這只是愚蠢的虛榮心在作祟。青春已不再重要，甚至已經成為過去了。年近57，我認為健康快樂比輕盈柔軟更重要。除非你無法控制，否則應該避免肥胖這種糟糕又邋遢的狀態。但話說回來，無論你多麼苗條，仍然無法改變自己的年齡，這是騙不了人的。所以乾脆就放棄這個念頭吧，不如吃得飽，吃得痛快，藉此好

好保持活力。」

　　詩人艾略特說:「50~57歲這幾年最難熬,別人拚命叫你做東做西,但你又還沒老到可以拒絕。」

　　中年晚期,雙手皮膚對觸覺的敏感度越來越低。你皮膚細胞的再生率降低,肌膚脆弱乾燥,皮脂腺數量劇減,甚至所有跟皮膚相關的組織都開始變化:你開始長皺紋,冒白髮。不過老化不是皺紋生成的主因,陽光才是罪魁禍首。陽光會逐漸損害臉部,造成皺紋與黑斑,留下鬆垮的皮膚。雖然皮膚會隨著年齡逐漸失去彈性,傷口復原速度也會變慢,但皮膚從不會完全耗損。

　　搖滾樂手尼爾・揚(Neil Young)在59歲時說:「20幾歲時,我就是世界的中心,所有事物都繞著我打轉。現在我了解到我只是河面上的一片落葉。」我父親很討厭這種思考模式,他覺得這是失敗主義者的表現。

　　你的血液不但膽固醇含量變高,維持正常血糖指數的功能也隨年齡衰退。到60歲時,為了吃東西而分泌的唾液會減少25%的量,也較難消化大魚大肉。

　　60歲時,你的體力比中年衰退20%,70歲時衰退40%。雙腿肌肉喪失的力氣比雙手與雙臂多。你的肌肉也會失去快速收縮的能力(例如快跑時的收縮),且流失的速度遠高於慢速收縮的能力(例如行

走時的收縮)。運動可延緩某些退化,但無法挽回所有老化。一般而言,不同個體的身體差異會隨著年紀增長而變大,舉例來說,大部分年輕人的腎功能都差不多,能以相同的速度處理問題。但在老人家身上,有些人的腎功能正常,有些有相當大的問題,大部分人則是介於兩者之間。

愛默生說:「人類沒有一窩蜂地在60歲時學日本人切腹自殺,真是怪事一樁。大自然的明示暗示已經到了侮辱人的地步。她不是牽著你的衣袖請你離開,而是拔光你的牙齒,大片扯下你的頭髮,奪走你的視力,還將你的面容扭曲成醜陋的樣貌。簡言之,她對你百般羞辱,卻絲毫沒有減弱你想保持美麗的念頭。在此同時,她還不斷把你周遭的新生人類塑造為俊男美女,這無疑是雪上加霜。」

法國小說家左拉於62歲去世,那年他說道:「我在花園度過無數愉快的下午,欣賞我周遭所有的生命。年紀大了以後,我感覺一切都離我遠去,但這卻讓我更加熱愛所有事物。」

名人公關哈林・波爾(Harlan Boll)隱瞞客戶的年齡,為此他辯解道:「誰叫美國大眾不能諒解人會變老。」他說的沒錯。賈桂琳・甘迺迪說,如果她早知道自己65歲會得癌症,當初就不必費心做那麼多仰臥起坐了。橄欖球員辛普森在蹲苦牢時,對女友怨嘆自己那雙人人稱羨的蘋果型翹臀已成了垂垂老矣的中年屁股。地心引力糟透了。

65歲時，你已經喪失30~40%的有氧能力。你的心臟內壁增厚，罹患冠狀動脈疾病的機率大增。60歲男性與80歲女性這兩個族群中，皆有60%的人至少有一條冠狀動脈因過於狹窄而阻塞。主動脈血管壁硬化造成血壓逐漸上升，心臟負荷越來越重，每跳一下，都更困難也更費力，心血管系統的整體效能因而大幅降低。美國每年有150萬人罹患心肌梗塞，且有70%的心臟病是在家中發作。若你活過一次心臟病發，幾乎可以確定你最終仍會死於心臟相關疾病。我父親在86歲時心臟病發作（細節我們之後再談），92歲接受憂鬱症的電痙攣治療時心跳停止了30秒之久，因此幾個月前，老爸非常害怕即將進行的結腸鏡檢查（他便血，醫生想知道他為何沒完沒了地腹瀉、便秘、便秘、腹瀉），怕那項檢查會讓他的心臟從此停止跳動。

　　65歲以後，原本約1.4公斤的腦部已經失去28.3克的重量及十分之一的腦細胞。前額葉皮質的運動區會失去一半的神經元，大腦後側視覺區及側邊感覺區的損失也不相上下，而退化最為嚴重當數腦回（皮層中彎曲凸起的思考中樞）。到了90歲，老人家的腦部體積與3歲幼兒無異。新訂聯邦醫療保險的藥物給付方案細節搞得大家（包括我在內）既困惑又生氣，但父親則被徹底擊垮，他已無法理解以前能理解的概念。確實，他心智運作的過程已變得非常簡化。

　　人體關節因流失軟骨、肌腱及液體，紛紛老化。關節間的潤滑

液越來越稀薄，於是摩擦力增加。幾乎每個65歲以上的老人家或多或少都有關節問題，而每兩人就有一人是中度到重度不適。65歲以上的美國女性中，有三分之一因骨質疏鬆造成脊椎斷裂。成人時期骨質越密，未來得到骨質疏鬆症的機率就越低（一般而言，對抗老化的最好辦法就是年輕時開始保養，不過那時你還不會想那麼遠。）

年輕時，膀胱才半滿，反射作用就會告訴我們該去上廁所了。但65歲以上的人，膀胱快滿了才會接收到訊號。

美國有5%的人口住在養老院。十幾年前我問父親願不願意搬來西雅圖的養老院住，他回道：「我不知道還能活多少年。現在我還能出去好好打一場球（籃球、棒球、足球等），每週寫出兩三篇文章。我還沒玩完呢。我帳戶裡還有一點錢，加上社會福利金、1977年買的年金和每個月報社給的稿費，我就像拉斯維加斯的賭客：『我希望不賺也不賠，這些錢我還可以留著用用。』我非常想念你，也想念蘿莉、娜塔莉、波拉和偉恩（我姊姊和姊夫），但在伍德湖社區有太多事情可做了。而且西雅圖的天氣那麼糟。我把養老院當終點站。我們這裡的老人都會管那些地方叫『上帝的候車室』，那裡的平均年齡是死亡（他的黑色幽默）。所以我寧願在伍德湖這兒的公寓度完餘生。再說，我也負擔不起養老院的費用。我還沒準備好要過那樣的日子，或那樣的花錢方式。引用一下我筆記本上抄下來的名言佳句（我忘記誰寫的或哪裡讀到的）：『每個人都可以選

擇要死在哪座小丘。』我的小丘當然不會是養老院，最好是高爾夫球場。歌手平・克勞斯貝（Bing Crosby）跟一些名人都是死在高爾夫球場上，如果你已經活得夠久，那真是不錯的死法。不過所謂夠久不是50歲，60歲也還不夠。」

目前美國年滿65歲的人口數乃史上最高，而75~84歲的人只有30%領取殘障手冊，這個比例則是史上最低。

年過65歲的人約有5~8%患失憶症，其中有一半是在80幾歲時罹患。失憶症中最常見的阿茲海默症共計影響了美國65歲以上人口的十分之一，以及85歲以上人口的二分之一。阿茲海默症病患在年輕時可能從事比較沒有壓力的職業（無法激發智能）。不過在我父親身上還沒出現任何徵兆，他目前還在閱讀（或重讀）卡勒（Robert Caro）所寫的紐約都市建設之父羅伯特・摩西傳（Robtert Moses）、菲利浦・羅斯筆下的紐華克市、蘭伯沙德（Arnold Rampersad）描寫的球星傑基・羅賓森（Jackie Robinson），以及阿爾佩羅維茨（Gar Alperovitz）描述二戰中在日本投下原子彈的決策過程。

英國劇作家考沃德說：「過去認為是天堂般的享受，／到了67歲也變得愚蠢。」

68歲時，名評論家艾德蒙・威爾森（Edmund Wilson）說：「意識到死亡將至，知道我的心智、情感與生命力即將煙消雲散，讓我

覺得世間事物都不再重要，人類也變得無比卑微。我越來越難認真看待人生，連自己的努力、成就與熱情都毫無意義了。」

作家郝爾（William Dean Howells）在寫給馬克吐溫的信中說道：「明天我就滿69歲了，但我不怎麼在意。這一切本來就不是由我帶頭，也從來沒人過問我的意見。我們天生就怕死，而不是怕變老。年紀大有很多好處，而且如果老人不是這麼不可理喻，我不在意當個老人。但老人確實不可理喻，又很難看。對於這一點，年輕人看得不如我們透徹，但他們總有一天會明白。」

美國作家湯瑪斯・品瓊說：「我們談及小說的『嚴肅性』時，到頭來其實說的是對死亡的態度，像是主角在生死交關時如何表現，或是死亡尚未迫近時他們又是怎麼應對。大家都明白這一點，但又很少對年輕作家提及這個主題。也許是覺得他們還年輕，還在學，多給意見也只是浪費力氣。」

15年前某個風和日麗的春天，我和父親在社區附近慢跑。一輛載滿高中女生的校車在我們身旁轉彎。他抬起頭，挺著胸，加大腳步，極盡炫耀之能事。可惜這些女孩子沒有驚歎，沒有口哨，沒有鼓掌，但她們也沒忽視他，幾個女孩子從校車後方的窗戶探出頭來，做出了最殘酷的事情：放聲大笑。

澳洲搖滾樂團AC/DC在專輯《回歸黑暗》中唱道：「你還年輕，但你終究會死。」

到了60歲晚期，你的食量變小，新陳代謝也稍微減慢。男人的骨骼重量每10年會減輕3%（我父親現在體重68公斤），女人則每10年減輕8%。成年期男性會減少15%的骨質密度，女人則減少30%。你的前臂會越來越細瘦，小腿亦然。

　　皮膚底下的循環系統（血管、毛細管、小動脈）密度降低，因此老年人容易覺得冷。同樣地，皮膚越薄，屏障功能就越差，就像是穿了太薄的外套。年紀大了，臉部皮膚的溫度也會下降。年紀大的老人覺得舒適的溫度，比年輕人高了5~8度。

成年以後，你每天會損失3~5萬條神經以及10萬個神經細胞。久而久之，你的心臟、肺臟及前列腺都會增大，而體內的鉀含量則會減少。70歲之後，身體吸收鈣質的能力也大幅減弱。

　　托爾斯泰寫信給小他16歲的妻子索妮亞說：「印度教徒將滿60歲時，會退隱山林。虔誠之徒只求將其殘燭之年奉獻予神，而不再開玩笑、打屁、嚼舌根、打網球（呼叫米爾頓・席爾卡特先生……），至於年近70的我，亦全心全意渴求這樣的平靜與孤獨。」某次他與索妮亞發生爭執後離家出走，在火車站一倒不起，享年82歲。

　　70歲時，眼睛的水晶體質量達到20歲時的三倍，讓你成了遠視。70歲過後則往反方向發展，遠視情況開始減輕。隨著年齡增

長,水晶體越來越厚重,難以聚焦看近的東西。此外,眼睛看出對比的敏銳度與適應光線改變的能力也會逐漸退化。年紀大了以後,水晶體漸漸泛黃,分辨綠色、藍色及藍紫色的能力變差。你看到的藍色變得更深,黃色變淡,也越來越看不到藍紫色。因此老畫家的調色盤上較少看到深藍和藍紫色油彩。

66歲的奇切斯特爵士(Sir Francis Chichester)揚帆航行世界後說:「試過了,失敗又有何妨?所有生命終究都是輸家,所以得在嘗試中得到樂趣。」

年過75歲的男女,中風的機率是55~59歲的十倍。

以厭世出名的美國小說家戈爾・維達(Gore Vidal)曾提及他因為爬不動樓梯而得出售義大利拉維諾的山間小屋:「萬物皆有時。再過一年我就滿80歲了,但我沒有絲毫感傷。生命潺潺流過,你可以選擇順流而下,或逆水而行。繼續走,或轉身離開。」

年幼時,你的嗅覺非常靈敏,所有氣味幾乎都過於濃烈。但等到你80好幾,不但嗅覺明顯減弱,身上也不再有自己獨特的氣味,因此你大可把體香劑丟掉。你正在消逝。

社會歷史學家雷諾・布萊斯(Ronald Blythe)說:「我認為老人家需要被撫摸,這個生命階段正需要親吻和擁抱,但除了醫生以外,沒人會摸老人。」82歲時,英國作家福斯特(E. M. Forster)說:「我現

在變得很縱欲，我想在對的地方撫摸對的人，好排解身體的寂寞。」這幾年，每次見面或道別時，我只要擁抱父親，他就會顫抖且哭個不停。

伏爾泰寫給朋友這麼說：「我求你別說我只有82歲，這是最殘酷的污衊。雖然該死的受洗紀錄上寫著我出生於1694年11月，但你一定要說我已經83歲了。」步入高齡，你反倒希望別人把你看成更老，那是一項成就。父親67歲時買了年金保險，只要活到76歲就能回本。到現在他已經多活了21年，因此逢人便說他賺了多少保險金。他也會堵住路人告訴他們，再過3年他就活了整整一個世紀了。

音樂家西貝流士在83歲時說：「我最近才第一次意識到我們在世上的時間有個期限。我這輩子從沒想過這個問題，直到最近我望向花園裡的老樹時才清楚意識到這件事。我們剛搬來的時候，那棵樹還很矮小，我能夠低頭看著它，但現在我得抬頭才看得見它。它似乎在說：『你就快離開人世了，但我仍會在此屹立百餘年。』」

華爾街金融家伯納德‧巴魯克（Bernard Baruch）在85歲時說：「對我來說，老年永遠是15年後的事。」

到了90歲，腎臟的濾血功能只剩下一半。

你得癌症的機率越來越小，因為老人的身體組織無法養活侵略

性強又需要大量養分的腫瘤。

到了90歲,三分之一的女性及六分之一的男性會髖骨骨折,若持續惡化會導致死亡,且一半的人在無輔助的情況下無法自己走路。我父親卻常步行1.6公里,在圖書館與家裡來回借書還書,直到95歲。

95歲時,父親身上的痣紛紛消失(一顆痣的壽命通常是50年),取而代之的是幾顆外觀酷似櫻桃的血管瘤,俗稱「櫻桃痣」,是內含血管的良性腫瘤。醫生說他覺得父親胸膛上的血管瘤很美麗,他說得倒輕鬆,畢竟他還只是個67歲的狂妄小子。父親對他的血管瘤相當苦惱,活像個臉上長了青春痘的少女。

英國哲學家羅素活到97歲,他在過世前一個月告訴太太:「我真不想離開這個世界。」

法國學者豐特奈爾(Bernard de Fontenelle)享年百歲。他曾說過:「我什麼感覺都沒了,只覺得繼續存活下去有些困難。」

亞里斯多德形容童年炎熱潮濕,青春期炎熱乾燥,成年期寒冷乾燥。他認為身體從炎熱潮濕轉變為寒冷乾燥的過程就是老化與死亡的原因,但這是必然也是值得的轉變。

莎劇《皆大歡喜》中,傑克斯說:「時光荏苒,我們越來越成熟,斗轉星移,我們逐漸腐爛。」紐約沙利文縣的電話簿上寫著:「生命的過程告訴我們,我們都只是暫時健康的人。」34歲的美國詩

人瑪堤雅・哈維（Matthea Harvey）寫道：「可憐的浴缸，被迫裝載人類的形體。」借用猶太作家葛蕾斯・佩利（Grace Paley）的話，時間捉弄了所有人。連父親如此奮力搏鬥，也難逃時間這一關。

關於生命,就是我們都會死

英國牧師兼詩人約翰・唐恩（John Donne）在一篇佈道辭中寫著：「我們無異於置身囹圄，而人生不過是步向刑場，走向死亡。若是從新門[1]走到泰伯恩[2]，即從監獄前往刑場，沒有人會睡著，有人睡著過嗎？而我們卻睡了一整路，從子宮到墳墓的路上，我們從未完全清醒。」

英國作家蘭姆（Charles Lamb）說：「30歲以前的年輕人幾乎不覺得自己會死。」

英國作家約翰・羅斯金（John Ruskin）說：「我現在的心境是否違背常理？都43歲了，卻不像其他人那樣安安份份地過中年生活。我的心態反而比以前更年輕，這真悲慘，因為我再也不能像年輕時那樣到處爬山、跑步、吹口哨、唱歌和調情了。但當年之所以盡做這些事，卻是因為那時沒法整天坐在書桌前寫些形上學的東西。我在生命的兩端都做錯了……」

俄國劇作家契訶夫的作品《凡尼亞舅舅》中，同名主角說：「我現在47歲，直到一年前，我還在試圖欺騙自己，拒絕面對現實，而且我還以為這樣做沒有錯。但現在，千金難買早知道！我每晚躺在床上，懊惱我當時明明還有能力可以完成許多現在無法完成的事，卻傻傻地讓時間溜走。」

1　編注：十八世紀之前位於倫敦市新門街上的監獄
2　編注：十八世紀之前倫敦近郊的刑場所在地

十八世紀英國詩人愛德華・楊格（Edward Young）寫道：「30歲的人懷疑自己是傻子；／40歲明白自己是傻子，於是改變計畫；／50歲責怪自己延宕耽擱，／於是謹慎下定決心；／以高貴寬宏的思想／決意、再決意，然後死時還是個傻子。」

畢卡索說：「人到60歲才變年輕，但為時已晚。」

62歲時，《格列佛遊記》作者斯威夫特說：「我每天醒來，都覺得人生比前一天更微不足道。」

達文西享年67歲。他曾說：「我以為來到世上是要學會如何生活，但事實上我一直在學習如何死亡。」

美國小說家貝瑞・漢納（Barry Hannah）說：「不幸的是，我們只有75年的時間來學習所有事物。而且年輕時我們靠本能學會的事，竟比讀了萬卷書、走了多年歲月、養了無數兒孫以後學會的事還要多。」

英國廣播公司第一任總經理瑞斯男爵（Lord Reith）在78歲時說：「我從未學會如何過活，而且我太晚才發覺人生是要拿來活的。」

十七世紀的倫理學家拉布耶和（Jean de la Bruyère）說：「人生三

要事:出生、活著和死亡。出生時沒有知覺,死亡時滿懷痛苦,中間則忘記好好活著。」

憾事一樁:

　　我父親週末從灣區上來看我,並跟我拿他遲了六天的父親節禮物:水手隊的包廂座位票。當時我剛搬到西雅圖,也是第一次到西雅圖的國王巨蛋球場。我覺得深藍色和蕨綠色的球場看起來像熱帶魚水族箱,父親則覺得像劇院餐廳,還納悶演員約翰貝里摩跑哪兒去了。當時老爸再一個月就滿79歲,他想在80歲時辭掉兼職工作,開著野營車橫越美國,然後飛到溫布頓嘗草莓鮮奶油。

　　那天晚上的主題是BBQ圍裙之夜,由排名第六的水手隊對上最後一名的老虎隊。看打擊練習時,我們把玩著聞起來像福馬林的水手隊塑膠圍裙,重溫他從前跟我說過的所有棒球軼事。不過這次我堅持要他不可加油添醋。他常說他以前打過半專業棒球,我就想像他在玻璃散落的沙地上滑壘,好賺點錢填飽肚子。事實是:社區的孩子偶爾會付10塊錢邀他加入棒球隊,讓他投擅長的小曲球。他也說過自己當兵時是全明星隊的隊長,還常常出國比賽,害我小時候以為老爸1943年一定是在沖繩和強棒泰德·威廉斯以及狄馬喬練習打擊。結果他只是隨隊經理,而隊上最有名的球員是底特律老虎隊的派特·穆林斯。況且他們打的根本不是棒球,是快速壘

球,比賽也僅限於美國境內。

父親以前長得和道奇隊教練迪若丘(Leo Durocher)幾乎一模一樣(他的經典名言是「好人沒好報」)。我們還住在洛杉磯時,據說有個垃圾清潔夫握了握我父親的手,說:「迪若丘先生,很遺憾聽到您離婚的消息。」這個故事的來由是,當時迪若丘剛與演員太太拉蕾恩黛離婚,清潔夫於是以男人的方法表達慰問之意。不知何故,我總幻想老爸站在垃圾車後方一袋袋垃圾的頂端,單手舉起垃圾桶,一邊咒罵好萊塢這沒隱私的水族缸。但事實是,他馬上告訴母親剛剛自己假扮了迪若丘,母親則警告他不要胡亂欺騙無辜的清潔夫,於是他趕緊追著垃圾車跑,跟對方解釋道歉。

球賽開始前,場上有個「和平路跑」,慈善馬拉松之類的活動,不過廣播系統的音質差得像是被拖進洗車場,所以我沒聽清楚活動目的。接著裁判出場了,不過這兒是西雅圖,觀眾噓也沒噓一聲,讓我父親有點失望。1940年,父親曾經是佛羅里達裁判學校的明星學生,學校的創辦人比爾‧麥高文(Bill McGowan)還說他是「下一個陶利史塔克」(即猶太籍裁判),但在向職棒新人聯盟報到前,他又以自己夜間視力不佳請辭了。後來他在布魯克林大學與塞頓霍爾大學當裁判,頭卻被人用拐杖敲了一記——當時的狀況是兩人上壘兩人出局比數相同,某人最喜愛的主場球員跑回本壘,被他判出局(我猜當時可能光線不夠)。關於比爾‧麥高文,我父親最喜歡

提到他以前是業餘拳擊手。有次他受夠了貝比魯斯不停發牢騷，於是在兩場連賽的休息時間找貝比魯斯單挑，逼得這位明星球員不戰而退。父親講述的英雄故事中，主角總是別人，很少是自己。

第一局水手隊得了三分，第三局老虎隊的基思‧莫蘭露出痛苦的表情，第五局水手隊的小葛瑞菲展現了一記漂亮接殺。不過對我們這兩個死忠道奇迷而言，那場比賽實在沒什麼看頭。一如父親所說：「就像看一部電影，卻不怎麼在意劇中人物的死活。」

關於他最喜愛的運動隊伍，父親寫道：「我從8~9歲起就是布魯克林道奇隊的死忠球迷了，也許更早。回顧過去，我似乎是以母乳對道奇隊宣示效忠。我對球隊的感情僅次於對家人的情感。」我小時候在房間貼滿了洛杉磯道奇隊的照片，他則貼滿了布魯克林道奇隊的海報。札克威特、達茲凡斯、威伯特羅賓森。他繼續寫道：

道奇隊的主場艾比特球場是神廟，而棒球（雖然他們有時打得差到令人傷心）則是我的宗教信仰。

我在認得ABC之前就把道奇隊的選手陣容背得滾瓜爛熟，在學會算數前就很會記錄複雜的記分表。這只是優先順序的問題。

為了讓各位了解我是什麼樣的球迷（或是什麼樣的瘋子）：球季一開始，我每天早上六點就會衝到門外拿《紐約世界報》，看看道奇隊前一天的戰績。如果他們贏了，我會笑容滿面，低聲哼著

歌,以免吵到還沒起床的家人。如果輸了,我就會坐在廚房啜泣,而啜泣聲總會傳到父親耳裡,他便會起床安慰我。

他會摟著我說:「米爾,你這麼關心這些道奇隊員,但他們是誰呢?為什麼要這麼難過?發生什麼事了?有人去世了嗎?」

我噙著淚說:「爸,你不懂的,他們是**我**的球隊。」

「啥意思,**你的**球隊?他們跟我們家沒有血緣關係,對吧?他們只是一群陌生人,你也只見過他們一次,就是你哥哥帶你去看球賽那次。所以就像我說的,如果沒人死掉,房租也付了,大家都平安無事,就該謝天謝地了。」

這時候通常我媽就會起床準備家人的早餐。她會這麼說:「山姆,別管他了,他會忘記的。現在他迷的是道奇,明天他就喜歡上別的東西了。」我媽把「道奇」念成「德奇」,在意第緒語裡面聽起來像是「荷蘭」或「德國」。

不過情況並不如我媽所料,我到21歲才忘記道奇隊。我的忠誠與熱情逐漸被其他東西給取代:女孩子、工會運動和新聞寫作。

但在我終於看開並了解「這不過是遊戲」之前,我可是飽受折磨。喔,我那時真慘,心愛的布魯克林流氓(球迷給他們的暱稱)輸的比贏的多。道奇隊連場皆敗的時候,我還問上帝,為什麼沒有以祂的大智慧讓我變成洋基球迷。

1946年父親搬到洛杉磯。1955年夏末熱浪來襲，母親被曬得兩眼昏花時，他卻以祖父85歲大壽為藉口飛去紐約看世界大賽。更精確地說，他是去看道奇隊終於打敗洋基隊，講得更詳細點，他是去看洋基隊捕手尤吉・貝拉觸殺不成，讓傑基・羅賓森盜回本壘得分。我還有張父親在洋基球場記者席的照片。看看那時人人頭戴的簷帽。

　　後來家族親人在講起這起事件時，總是把父親描繪得很糟糕。不過我小時候每天早上第一件事也是到信箱拿報紙，如果道奇隊輸了，就把鼻涕眼淚流進早餐麥片粥裡。我還記得有次救援投手隆・佩安諾斯基在九局上場未能保住遙遙領先的比數，我就把他的球卡畫得亂七八糟。還有一次電視播出道奇右外野手朗・菲利接球失誤（他漏接一記高飛球，讓球飛越球場右外野的矮牆，變成了全壘打），我便把螢幕轉開。1966年道奇隊在世界大賽慘敗給巴爾的摩金鶯隊後，我在海灘上模仿奧菲莉亞想把自己淹死。我和父親為什麼對道奇隊如此著迷？父親節之後他來信說道：「我的情況是這樣的，我希望道奇隊可以彌補我在職業生涯裡未達成的目標。如果我在報業、在組織工會這塊領域中沒有成功，如果我在這亂無頭緒的人生中沒有任何成就，至少我還可以寄望這九個穿著藍色球衣的男孩打贏巨人隊、海盜隊等，他們可是我人生的代理人。聽起來很牽強嗎？可能吧，但我覺得這個說法有幾分真實性。不過這是我的情

況啦,跟你不一樣。」

喔不,跟我不一樣,可不一樣了。

國王巨蛋球場(後來已拆除)的食物即便以棒球場的標準來評斷仍然太過難吃,但我們還是在攤位前排隊買食物,倒不是因為餓壞了,而是想在大家玩波浪舞時找點事情做。我們各買了一根熱狗和一罐啤酒,還分食一包花生米。價錢貴得嚇人,但我們吃進去的營養據老爸所言,跟吃塑膠袋沒兩樣。更讓他吃驚的是,我最後居然還嚥下一杯泛紫又跟咖啡一樣苦的巧克力麥芽奶。我們回到座位上時,波浪還在上上下下。當然也可能是新的一輪波浪舞。

60年前,父親是《美國紐約日報》的體育特約記者,而現在他為一份郊區週報報導少棒聯盟、小馬聯盟、公馬聯盟、男子快速壘球及女子壘球的賽事。就在他來找我的前三天,他還在一場少棒聯盟比賽中為了要捕捉小球員盜三壘的畫面被捕手的傳球擊中腳踝,斷了三條血管。他不斷給我看他瘀青的腳踝,相當引以為傲,還一再重演當時的畫面,以體育記者慣用的誇飾法和多重隱喻形容道:「它就像蛋蛋一樣爆炸了。」

為了表達某種微妙的叛逆之情,唱國歌時我們沒有起立站好,第七局中場伸展操時間我們也沒有起來拉拉筋,不過我還是忍不住猛盯著全矩陣計分板上球迷活動筋骨的畫面瞧。國王巨蛋球場裡1萬5000名球迷都在看計分板,看自己是不是好看到能上電視轉播。

事實上每個畫面幾乎也都呈現了完美的大西洋西北岸風情:戴著水手隊球帽的熟睡嬰孩、精力旺盛的阿公阿嬤,以及深情接吻的情侶。一看到自己被拍到,他們就會指著螢幕,然後指著那指著螢幕的自己,然後其他觀眾就會指著那些指著螢幕中自己的那些人的自己。我繼續盯著大螢幕,看看有沒有機會可以指著那指著大螢幕的自己。我望向父親,發現他完全沒在看大螢幕,他在整理記分卡。現在的他已經沒興趣登上超大螢幕,只想在80歲生日那年夏天去溫布頓吃草莓鮮奶油(他從未成行)。

比賽進入第七局下半,他喃喃自語道:「水手隊換上了普萊斯利、馬丁尼茲和維茲奎爾。」

男孩與女孩・四

　　55~64歲的男人死於車禍的機率比女人高兩倍，自殺的機率高四倍。父親在失業、喪偶加上躁鬱症纏身時偶爾會威脅說他要從金門大橋跳下去，但這些話都是說說而已，他活力充沛得很。

　　35~54歲間，男女人口比例相同，其後女性比例漸升。1990年，30多歲的人口中，女性不到一半，但百歲人瑞中卻有80%是女性；到了今日，這個比例又提高到90%。我爸會活到100歲嗎？他非常想（參閱前後文）。

　　男性體內的睪固酮濃度比女性高很多，因此比較容易罹患心血管疾病，這也是男性壽命較短的主因。睪固酮素會抑制免疫系統，所以男性較難抵禦感染。停經前的女性體內血液量比男性少20%，因此鐵含量也較少。鐵離子是自由基的生成要素之一，而自由基是在食物代謝過程中形成的分子，對身體有害，因此體內鐵離子含量越少，就越不容易老化，也較不會罹患心血管疾病及其他與自由基有關的老化疾病。睪固酮不但是青春期男女死亡比例陡升的原因（例如引發男孩子破壞性及自我摧毀的行為），更會導致血液中低密度脂蛋白（不好的膽固醇）含量增加以及高密度脂蛋白（好的膽固醇）含量減少，提高男性罹患心臟病及中風的風險。相反地，雌性激素則有抗氧化劑的功能，可以中和自由基，為女性帶來恰恰相反的效用。

　　事實上，各個物種的壽命長短也都跟性別有關：除了倉鼠、

天竺鼠及狼等少數例外，雌性動物幾乎皆比雄性動物長命。以演化的角度而言，前者是否長壽比後者是否長壽來得重要，因為哺乳類動物養兒育女時，雄性的貢獻比雌性少得多（我父親不但不會照顧人，還需要別人照顧），孩子沒有母親可能會活不下去。母抹香鯨的壽命比公抹香鯨長30年，母殺人鯨則長20年。活過一歲的小公牛平均可活到30歲，母牛則可活至50歲。野生的母殺人鯨最久可以活到70~80歲，公殺人鯨最多則只能活至50~60歲。

一個物種的壽命長短與其幼體依賴成體的程度有關。人類的生殖週期需要女性活多久，決定了人類整體的壽命。女性活得越久，老化得越慢，就能生育越多小孩並將之扶養長大。另一方面，男人繁衍後代的能力則受制於接觸的女人數量。男人比女人高大強壯、

動作敏捷又較不容易過重，老年男性的最大攝氧量也比女性高了20%，但整體而言，女性的壽命仍比男性長。美國新生女嬰的預期壽命比新生男嬰長7.7年，65歲男女壽命差為4.4年，75歲為2.9年，85歲則剩下1.4年。老年人中，較虛弱的男性比女性更容易遭到淘汰。除了老爸，還有誰被供電軌電到了還能活下來？

　　在拉丁美洲和加勒比海國家，女性平均壽命為72歲，男性65歲。歐洲女性平均壽命為72歲，男性為67歲。中東國家男女壽命則分別為71歲和67歲，非洲為52歲和50歲，亞洲為66和63歲。只有孟加拉、印度及巴基斯坦等國家由於殺女嬰及索奩焚妻事件頻仍，男性壽命仍比女性長。

　　女性易患非致命的慢性疾病（風濕性關節炎、骨質疏鬆症及自身免疫失調），但男性易患心臟病及癌症等更致命的疾病。無論哪個年紀，女性的嗅覺皆比男性靈敏（有個朋友問她的女性朋友在想起母親時會想到什麼，幾乎所有人都想起母親的氣味），且男人分辨氣味的能力比女性退化得更早更快。男女癲癇發作的機率幾乎相同，但男性死於癲癇的機率高出30%。若罹患相同傳染病，女性的死亡率比男性低許多。同樣是大量抽菸，女性就是比較不容易得肺癌和心臟病。男人的新陳代謝率比女人高，因此縮短了他們的壽命（我父親的醫生說他有顆70歲的心臟）。女性的腦重量對體重的比例較男性高，因此延長了她們的壽命。英國遺傳學家史蒂夫・瓊斯

（Steve Jones）認為，男性因壽命較短、精子數量漸減，加上Y染色體先天處於弱勢，可能在1000萬年以後就會絕跡。雖然瓊斯的理論並未得到太多共鳴，但正如影帝傑克尼克森所言：「她們比我們聰明，比我們強壯，又不遵守比賽規則。」

　　最晚從1500年代開始，女性的壽命就比男性長。1751~1790年間，瑞典女娃的預期壽命為36歲，男性則為33歲。但直到近百年以來，女性壽命才開始明顯比男性長。在此之前，有眾多女性在分娩時死亡，因此女性整體的壽命幾乎與男性相同。在西非，死於妊娠的女性比死於暴力事件還多。而在發展中國家，這樣的風險是1/32，在已發展國家則是1/7000。每年有超過50萬女性在懷孕或生產中死亡，而在這過程中受傷、感染或終生殘障的女性則有1000萬人。1900年至今，全球女性的平均壽命提高了71%（男性則增加66%），但過去20年來女性死於肺癌的比例也增為三倍。現在有越來越多的女性抽菸喝酒並外出工作，因此平均壽命延長的速度也大幅減緩。目前美國女性的平均壽命為80歲，男性為75歲，男女間的差異正穩定減少。女人的行為越來越像男人以後，她們也越來越短命。

預知死亡紀事

臨終時，人的血液通常呈強酸性，造成肌肉痙攣。原生質缺乏抵抗力，無法維持生命。你可能會急促地上下喘息，有時由於喉頭肌肉緊縮，會發出吠叫般的聲音。你的胸部和肩膀可能在短暫的抽搐中劇烈起伏。你的眼球扁平，因為讓眼球圓潤的血液已不復在。死亡時，你並不會如傳說般減輕21克。人類若有靈魂，靈魂也不會有重量。

若遭遇嚴重外傷，宣告死亡的時間會依地點而異。在美國，某些州以腦死為死亡標準，有些州則以呼吸及心臟活動為依歸。法國認定必須腦死48小時，前蘇聯則規定需死亡5分鐘。美國醫師亨利‧畢傑（Henry Beecher）說：「無論我們選定哪一種腦波活動作為依據，都是非常武斷的決定。」比起其他職業的人，醫生對死亡有更深的焦慮。

50~59歲族群的死亡率比所有年齡層的平均值低56%，因為他們太忙了，沒有空死。

一項針對1876~1973年間1000名大聯盟球員的研究發現，球員的死亡率比男性整體死亡率低25%。1986年針對1萬7000名34~74歲哈佛畢業生的研究則顯示，能量消耗越多，死亡率就越低，但若每週消耗熱量超過3500大卡，死亡率則會小幅上升（劇烈游泳一個鐘頭可以消耗約500大卡）。

在已發展國家，心血管疾病死亡率為40~50%，癌症為30~40%，車禍為2%，其餘意外則占2%。我父親與母親離異之後，和著酒吞下抗躁鬱藥，開車一頭撞上垃圾車（意外還是蓄意？他從未真正解釋）。他的座車全毀，人卻毫髮無傷。他是隻能量強勁的兔子。在美國，65~69歲的心臟病致死率為四十分之一，70~74歲則為二十七分之一，80~84歲為十一分之一，85歲以上則增為七分之一。1949年，50%的美國人死於醫院，1958年這個數字變成61%，1977年增為70%，目前的數據則提升至80%。敗血性休克（由於重要器官受感染造成血壓過低）是美國加護病房裡最主要的死因，每年帶走10~20萬條性命。美國只有36%的人立有遺囑，老年的白種男性自殺率比全國自殺率高5倍。五分之一的醫生曾受託協助病患自殺，其中有10%的醫生同意。

在舊石器時代，新生兒有一半在一歲前夭折，母親也常在分娩中死亡。過去13萬年間，人類的平均壽命為20歲或更短，即使能夠降臨人世，大部分也早早就死於傳染病或寄生蟲病。公元二世紀時，人類平均壽命為25歲，三個嬰兒裡面至少就有一個活不過周歲。200年前，美國女性平均壽命為35歲，100年前變為48歲，現在則延長至80歲。這樣的增長速度及幅度都是前所未有。

1900年，75%的美國人於65歲之前過世，現在則有70%活過65歲。1900~1960年間，65歲美國人的預期壽命增加了2.4年，

1960~1990年間更延長了3年。1815年,英國人出生時平均預期壽命為39歲。中世紀時,歐洲人出生時的平均預期壽命為33歲,與今日發展程度最低的國家差不多。

古代的人瑞以今日的標準來看仍算相當長壽。公元前六世紀,古希臘數學家畢達哥拉斯活到91歲,出生於以弗所的希臘哲學家赫拉克利特斯享年96歲,雅典演說家伊索克拉底則是98歲。工業革命後,平均壽命延長,但主要原因是孩童夭折率降低。1860年代,瑞典最長壽的人通常活到106歲左右,到了1990年代則是108歲。

在發展中國家,每一萬人中就有一人可以活過百歲。1990年,美國有3萬7000個百歲人瑞,目前則約有7萬人。這些人瑞大多是生於美國的西歐裔白人寡婦,長期住在照護機構,且只有國中以下的教育程度。目前美國年逾百歲的長者年收入少於5000美金(不包含糧食券、政府給付的安養院費用及親友支助)。他們常說自己從來就養不起壞習慣。這在很多方面也適用於我父親:他出身貧寒,我們家常入不敷出,而他現在靠著固定薪水過著簡樸的生活。

鋼琴家布雷克(Eubie Black)在他的百歲生日上(他於五天後過世)說:「那些醫生常問,我怎麼有辦法活這麼久?我都跟他們說:『要是我知道我會活著麼久,我就會更注意養生了。』」

享年89歲的作家亨利·米勒問道:「有誰想要活到100歲?(我看父親一定是高舉著手瘋狂揮舞)這意義何在?與其戰戰兢兢到百

歲，做沒完沒了的健康檢查，還不如短暫而快樂的人生。」

伍迪·艾倫則說：「我不想藉由作品獲得永恆，我只想藉由不死來達到永生。我不想活在國人心中，我寧願活在我的公寓裡。」

感謝海令醫生提供的另一則笑話：

神父、牧師和拉比三個人在討論死後遺體放在棺木裡供大眾瞻仰之時，希望別人怎麼說他們。

神父說：「我希望有人說：『他正直誠實又仁慈。』」

牧師說：「我希望有人說：『他慈祥公正，對教友的照顧無微不至。』」

拉比說：「我希望有人說：『看，他還在動耶。』」

88%的美國人表示宗教對他們很重要，82%的美國人相信禱告有療癒功效。96%的美國人相信有上帝或某種宇宙力量，72%的人相信有天使，65%相信有惡魔。一項針對3000名65歲以上美國男女的研究指出，上教堂的教友，中風的機率是從未或極少上教堂者的一半。另一項針對近千名被送進心臟重症加護病房的美國男女研究發現，有他人遠距代禱的患者病情較為穩定，也比較不需要使用抗生素。研究人員針對9萬2000名美國人進行調查，發現不常上教堂的人比每週至少上一次教堂的人容易罹患某些疾病。不常上教堂的人5年內死於心臟病的比例是常上教堂者的兩倍。不上教堂的人3年內死於肺氣腫的機率是常上教堂者的兩倍，死於肝硬化的比例則是四倍。有項研究針對230位剛接受心臟手術的美國老年人，結果顯示，藉由宗教信仰獲得力量與慰藉的患者，術後存活的機率是其他人的三倍。

　　我父親小時候在希伯來學校熟讀「四問」，因此逾越節晚餐上當祖父要他背誦出這四個有關猶太習俗的問題時，他輕鬆說出：今晚有什麼特別？為什麼今晚只能吃無酵餅？為什麼今晚只能吃苦菜？為什麼今晚一定要斜躺著吃？我父親是四個兄弟裡年紀最小的，卻最精通希伯來文，因此套用他自己的話：「我是父親引以為傲的猶太小子，並竭盡所能地榨取滿足感。」13歲時，他在賓州大道猶太會堂領受誡禮，誦讀了簡短的讚禱文以感念他的成年。然而

當時他的母親剛過世，享年49歲，留下他父親和六個孩子，因此典禮中沒什麼慶祝氣氛，反而十分肅穆（在祖母的葬禮上，馬車拉著她的棺木過大街。祖父一路流淚拍打著棺木，父親還記得他那時對這種當眾表達哀痛的行為引以為恥）。

幾年後，祖父帶父親認識了社會主義。父親失去了上帝，自此成為他口中「虔誠的無神論者」。不過最近他喜歡自稱為不可知論者：「大衛，這一切都太奧祕了。」他不會說「我死的時候……」而是說「當時辰到的時候……」之後就開始咕咕噥噥，閃避這個話題。

美國作家戈馬克・麥卡錫說：「死亡是這世上最重要的議題，對你，對我，對所有人皆然。不能談這個主題是很奇怪的事情。」

法國前總統戴高樂說：「這世界的墓園裡葬滿了重要人物。」這是我和父親最喜愛的名言之一。這句話像是一種安慰：每個人都嘗試過了，但沒有人是贏家，大家都死了。

古羅馬詩人普洛佩提烏斯說：「亡者中有數千名美女。」

羅馬詩人朱文納爾（Juvenal）說：「秤秤皇帝亞歷山大和村裡醉漢的骨灰重量，兩者一般重。」

叔本華：「我們都是待宰羔羊。」

51歲時，柴可夫斯基說：「我老得很快，也厭倦了人生。我渴望寧靜，想遠離所有虛榮、情緒與失望等事物。老年人很自然就會

想到眼前那個名喚墳墓的陰暗地洞。」

　　佛洛伊德說：「生者欲死，塵欲歸土。生物不但有生之慾望，也有死之本能。」

　　公元前44年，西塞羅說：「沒有人老到覺得自己無法再活一年。」他死於公元前43年。美國小說家薩洛揚（William Saroyan）在臨終前說：「大家都會死，但我老以為自己會是個例外。」楊格寫道：「每個人都認為大家都會死，除了自己以外。」古印度史詩《摩訶婆羅多》問：「世間奇景，哪一幅最令人歎為觀止？答案是，人們眼見旁人逐一凋亡，卻仍認為自己將長生不老。」

　　父親在網球俱樂部的電子通訊中，如此描寫他86歲的心臟病發作：

　　陣亡將士紀念日當天，我一如往常地打網球。天氣美得像明信片，氣溫是舒適的24度，還有陣陣微風輕拂面。我生龍活虎，過著天堂般的一天。

　　我和搭檔喬治對戰老朋友兼宿敵吉米和哈利。我們第一盤以10：8險勝。到了第二盤，當時是4：3暫時領先，由我發球，接著我正要從右側發球區移動到左側，準備再拿下一分。突然間，我感覺好像大象一腳踩上我的胸口（我知道這樣的形容很平庸，但這就

是我當時的感覺)。我停了幾秒，對自己說：「那是啥？」那是我86年的人生裡從未經歷過的感受。我在一小時之後才明白，那就是心臟病發作。沒錯，這算比較輕微，但是場結結實實的心臟病。

我不打算讓小小的心臟病打斷我發完球結束這局。我準備繼續發球時，喬治走過來問我還好嗎。他說：「米爾，你看起來有點蒼白。」

我向他保證：「沒問題。」還請他注意右方單打邊線和雙打邊線中間，因為我（儘管心臟病發）準備要發球到對面最右端。

我也的確這樣把球發出去了，對手送來虛弱的回擊，於是我們以5：3領先，再得一分就可以拿下這局並贏得比賽。後來對手將局面扳回5：4，輪到喬治發球。雙方在第六局和最後一局陷入纏鬥，但在幾次漫長的來回擊球之後我們終於贏得比賽。最後一局時我實在沒什麼貢獻，但我絲毫不覺得身體不適。

那盤結束時，我沒跟吉米和哈利握手，就抓起網球袋和風衣走回球場一公里外的住所。我走得很慢，但還是走到了。我用冷水沖了沖臉，到隔壁敲門。鄰居瑪莉史坦娜是退休護士，她量了我的脈搏，測了心跳，趕緊撥了一一九。

她說：「米爾，你心臟病發了。」口吻十分專業，不容質疑。

20分鐘以後，我被抬上救護車送往半島醫院。醫生很快證實了瑪莉的診斷。他們立刻將我麻醉，進行血管修復手術（氣球擴張

療法），撐開阻塞的動脈。

兩個小時以後，我醒來了。信不信由你，我感覺好極了。心頭上的重擔已經不見了。

下午，心臟科醫師喬治・柯亨跟我解釋病情及血管修復術的過程。柯亨醫師問我：「聽說你第一次發作以後還繼續打了十分鐘球，這是真的嗎？你怎麼辦到的？」

我說：「我也不知道，我就是得打完那盤，結束這場比賽。那兩個傢伙打敗我們太多次了，我得藉機扳回一成。」

柯亨醫師說：「你真是了不起。」

兩天後，我出院了。三個星期後，我又重回球場。表現只比紀念日那天差一點點。

有人要打網球嗎？

死亡乃美麗之母

我和父親都睡不著。我們終於找到遙控新電視（我和姊姊合送給父親的95歲賀禮）的方法了。半夜兩點鐘：

第二台，電影裡的偵探重回犯罪現場。

第四台，微海綿控油系統可包覆維他命A酸。

第七台，在墨西哥坎昆度假的大學女生脫去了她們的上衣。

第八台，美國南北戰爭又開打了。

第十台，洋基隊的阿布瑞尤贏得全壘打大賽冠軍。

第十一台，D奶淫娃大玩泥漿摔角。

第十二台，大學教授講解地心引力。

第十三台，幸福手鍊在燈光下閃閃發亮。

第十七台，一個女人在做抬腿運動。

第二十台，介紹太妃糖和冰淇淋製造機。

第二十二台，無脂點心和一般點心一樣好吃。

第二十四台，79名乘客死於空難，只有一名嬰兒生還。

第二十九台，大力士海克力斯擲出巨石。

第三十台，美國妙齡小姐后冠加頂。

第三十三台，一天健身兩分鐘，就可以鍛練出腹肌。

第三十六台，艾倫博士的電視節目《點燃他的熱情》和《點燃她的熱情》，可以點燃你的活力，拯救你的婚姻。

第三十八台，在車禍中失去女兒的母親，在主愛中獲得慰藉。

第四十一台,正在解剖謀殺案受害者的屍體。

　　第四十二台,CrossBow系統加倍堅固耐用。

　　第四十七台,家護三效牙膏有效去除牙菌斑。

　　第四十九台,美國癌症治療中心幫助您戰勝癌症。

　　第五十五台,兩名豐滿的金髮女郎向瘦小禿頭男解釋男性尺寸的重要性。

　　第五十九台,六星期瘦一生的減重課程幫助您六週內甩掉10公斤。

　　第六十三台,超級食物絞碎機超級省時。

　　第六十四台,奈歐蜜賈德自信護膚課程能有效除皺去斑。

　　第七十二台,獲頒艾許精神獎的絕症教練勉勵觀眾不要放棄。

　　第七十七台,激情上演3P戲碼。

　　第八十台,青春雞尾酒可以強化關節,增強記憶力。

　　第八十四台,兩名彪形大漢比賽將巨大的鏈鉛球擲向終點線。

　　第八十五台,自殺炸彈客奪走兩名伊拉克拉馬迪市居民及兩名美國大兵的性命後自殺身亡。

　　第八十七台,男士染髮劑免除白頭髮的困擾。

　　第八十九台,「我要使他足享長壽,將我的救恩顯明給他。」

　　第九十台,你也能改頭換面。

　　第九十五台,好萊塢名人砸2萬4000美金加入溫莎皮拉提斯

塑身課程。

　　第九十九台,恐怖片結尾的白色窗簾飄揚在月黑風高的夜裡。
　　我們從第二台轉到第九十九台,就是遍尋不著長生不老的方法。

生命賦予了生命意義

法國文學家紀德在日記裡寫著:「日復一日,我常問自己這個問題,或者說這個問題不斷縈繞我心:我覺得死亡難以接受嗎?我不認為熱愛生命的人會特別難接受死亡。事實恰恰相反。」

十九世紀英國詩人布朗寧夫人說:「透過苦痛我們獲得知識,／生命因死亡而完滿。」

母親在生前最後幾年的日記裡寫道:「有件事我很確定:如果我無法正常生活,沒辦法自主和照顧自己,那我就不想活了。希望屆時我有勇氣自我了斷。我同意生命是非常珍貴的禮物,每個人都應該選擇活著,但我認為活著就是要能夠正常生活。也許等我再過幾年,我能更清楚表達我的意思。」我父親時常提起這篇日記,不可思議地搖搖頭,似乎有點,嗯,同情她。

蘇格蘭詩人威廉・杜巴爾(William Dunbar)在《悼念創造者》(*Lament for the Makers*)裡寫著:「死亡的恐懼苦惱著我。」

9歲那年,我有時會在半夜醒來,在恐慌中整晚坐在房間外的樓梯平台上,無法想像有一天我將不復存在。記得有個鄰居刺了骷髏頭刺青,下面寫了一行字:「汝有朝一日必如我。」

西蒙・波娃寫道:「自從我知道自己並非不死之軀,死亡的恐懼便時時攫住我。即便世界和平,我似乎也能保有幸福,15歲的我仍時常想到那樣完完全全地憑空消失,想到自己有一天就會永遠消失,這讓我恐懼不已。我無法想像我要如何冷靜面對死亡。人們所

謂的『勇氣』在我看來都只是愚昧。」

　　盧梭說:「假裝能夠無懼面對死亡的人都是騙子。」

　　巴賽爾姆（Donald Barthelme）在「學校」這篇故事中，以一名小學老師的角度寫著：

　　一天，我們在班上進行討論。他們問我：他們去了哪裡？樹木、蠑螈、熱帶魚、愛德格、爸爸、媽媽、馬修和東尼，他們都到哪兒去了？我說，我不知道，我不知道。他們問：那誰知道？我說，沒有人知道。他們又問：是不是死亡讓生命有了意義？我說，不，是生命賦予了生命意義。然後他們說：可是，死亡不是最根本的基準嗎？通過它，我們視為理所當然的世俗就能得到昇華……

　　我說，嗯，可能吧。

　　他們說，我們不喜歡這樣。

　　父親曾請我幫他研究一下人體冷凍保存術的花費和可行性。他願意死，但他不想永遠死去。

籃球夢・九

我祖父山姆以前是美國產聯國際女裝師傅工會的代表。他每天早上五點半起床,喝杯茶,吃片吐司,看個報紙,然後六點出門搭地鐵。他負責排解工人的牢騷,代表他們去和製造商洽談合約。他總是草草解決晚餐,然後趕去上第二個班,擔任東星信用合作社的調查員。剛開始,信用合作社借 50~100 美金的小額貸款給會員。會員幾乎都是從俄國跟波蘭來的新移民(我祖父也是,1880 年代,他為了躲避俄軍徵召而逃往英國。俄軍是出了名的反猶太人,常將猶太人流放至西伯利亞。)幾年後,他們取得紐約州立銀行委員會核證,開始發放上萬元的借貸,但如果借款人欠債未還,祖父的簽名就成了擔保。因此他時常得走好幾哩路登門拜訪人家,我父親有時也會陪著他。半夜,祖父回到家,睡上五個小時,隔天一早又得起床搭漫長的地鐵前往工廠上班。有時他也會到批發行批 T 恤賣給朋友賺取蠅頭小利,十幾歲的父親也得幫祖父拖著一箱箱 T 恤在社區街上走。等父親年紀大一點且有車以後,他會開車載祖父在布魯克林區到處收回貸款簽名。我父親說:「我從不知道他哪來這麼多精力做這麼多事。」這句話可是從我父親嘴裡說出來的。

　　祖父每個星期天早上要讀三份意第緒報紙:《前進》、《日報》和《自由》。身為社會主義者,他讓父親認識了「辯證唯物論」、「左派幼稚病」、「異化無產階級」、「生產工具」等概念。他老是這麼說:「米爾,不要忘記這點:『共產主義是人剝削人的世界。而資

本主義則剛好相反。』不管總統、紅軍政委或國王用的是什麼華麗詞藻,金錢(經濟以及現金關係)才是主宰世界的要角。金錢就是全世界。」為了強調這點,他還會用意第緒語再說一次:Geld ist der veldt,金錢就是全世界。

祖父給父親看約翰・里德(John Reed)寫的《震撼世界的十天》,裡頭敘述了1917年俄國革命的始末。父親讀了一遍又一遍。高中歷史課上,父親常會質疑老師講課或教科書上遺漏的部分。遇到有人追問這些事實或觀點從何而來,他會依照指示回答:「我爸說的。他知道自己在說什麼。」

老爸喜歡談論他的父親:「大衛,你看得出來他對我影響有多深吧?他們做事情有自己的一套方法,是一種溫和、間接的方式。他喜歡說:Ess vett soch oy spressen,船到橋頭自然直,水到渠成。他沒辦法處理的問題就順其自然,任問題擴大、惡化或消失不見。有沒有發現我也有這種傾向和缺點呀?」

祖父葬禮前晚,我和父親在他的公寓裡走來走去。我當時才7歲,和祖父素未謀面。祖父細長的腰帶和寬扁的領帶掛在衣櫥裡,古典樂的專輯包裝胡亂拆開,堆在牆邊。沒了床單的床上放著他的皮夾和Nikon相機。他最喜愛的咖啡杯包覆在精心包裝的塑膠套裡,同樣包裝精美的還有一顆全新籃球,是尚未送出的禮物,「應該是要給我的」——父親想到這一點,然後崩潰了。

如何長生不老・一

公元前1600年,埃及紙莎草文獻《返老還童之書》推薦一帖含有草藥和動物器官的藥水。古希臘人建議老男人與美麗的處女共度春宵。我父親到大學來看我的時候,完全沒理會我女友,只注意她的室友,不停叫她「漂亮的年輕小姐」。在中世紀,人們相信去勢能延長幾年壽命,為此趨之若鶩。事實上,太監確實比一般男人長壽。結紮的貓或狗無論是公是母,平均壽命會比未結紮的貓狗長兩年。十六世紀初期,55歲的西班牙探險家龐賽・德萊昂(Ponce de León)為求滿足年輕的妻子,到處尋找青春之泉。十六世紀英國哲學家培根認為,若身體有完善的修復過程,也就是組織再生與癒合的功能以及人體病癒的能力,人類就可以克服老化。

十九世紀,法國生理學家布朗塞卡爾(Charles Édouard Brown-Séquard)摘除並搗碎家畜的睪丸,提取其中的重要物質調製成藥品,然後為老人注射,據說這使他們更敏捷,更有活力。72歲的布朗塞卡爾為自己注射了這種提煉物,之後聲稱他控制膀胱和小腸的能力變好了。可惜他在4年後就過世了。1920年代維也納生理學教授史坦納赫(Eugen Steinach)說服年長男性切除輸精管或移植年輕男性的睪丸,認為這樣可讓他們回春。回春診所開始在世界各地盛行,外科醫生也發明了一堆抗老療法,包括在睪丸上通電以及為性器官照射X光和鐳。

路易斯安那州立大學的分子生物學家麥克・賈文思基(Michael

Jazwinski）表示：「大約30年後，我們就能掌握長壽的基因了。目前平均壽命最長是120歲，未來可望可以延長為兩倍、三倍甚至四倍。所以現在活著的人，在400年後可能還會在這世上。」

維吉尼亞聯邦大學醫學系教授威廉・瑞吉森（William Regelson）說：「一旦我們學會控制老化基因，幾乎就能無限延長壽命。」

加州大學爾灣分校的演化生物學家麥可・羅斯（Michael Rose）進行了一項實驗，只讓較晚產卵的果蠅生育下一代（這等於是只讓25歲以上的女性生小孩，而生下來的女兒也都在26歲以後才能生育，如此延續好幾代。）他發現，每一代果蠅都比前一代長壽一些，於是這些經過篩選繁殖的果蠅就活得越來越久。羅斯相信，如果將類似的實驗複製在人類身上，在十代以內就可以觀察到顯著的延壽。

在果蠅的飲食中添加紅酒中的白藜蘆醇（resveratrol），可使其壽命遠超過其他果蠅。白藜蘆醇中「甦活酵素」（sirtuins）的分子功能近似於以熱量限制來延壽，能夠減緩哺乳類動物的老化速度。生物的最終目的是繁殖，但若攝取低熱量飲食，身體會傳送尚未達到理想繁殖狀態的訊息，因此在達到更佳繁殖時機前，為了讓身體維持在最佳狀態，細胞防禦系統會增強，老化速度也將減慢。熱量限制會引發身體釋放出儲存的脂肪，告訴身體是時候要沉潛下來，以求存活。

熱量限制協會的會員有2000人,其中10%的會員減少了至少30%的飲食攝取量。他們最多能夠延長50%的壽命,而這些成功的案例皆是從年輕時便嚴格控制飲食,並持之以恆。從中年才開始減少10~20%熱量的效果較差。每兩天禁食一次(其他時候正常飲食)也能夠延長平均壽命。我父親一生倡導並奉行嚴格的飲食習慣,應該去當熱量限制協會的創辦人。他在95歲生日接受自家報社訪問,大談營養原則,還特別強調麥麩馬芬的功效。

接近斷食的飲食方法能夠大幅降低多數老年病的發病率,包括腫瘤及腎臟毛病、阿茲海默症等腦部缺陷,以及帕金森氏症等退化性疾病。實驗鼠若減少飲食中40%的熱量,便能夠延長30%的壽命。猴子若連續15年減少飲食中30%的熱量,不但可延長壽命,還能避免許多老化相關疾病。人類的帕金森氏症與阿茲海默症都與熱量攝取增加息息相關。我問父親:為了多活幾年和少生一點病,減少40~50%的熱量攝取值得嗎?他認為這種問題根本不需要回答。但是我說,有些人可能忍著20年不吃乳酪蛋糕,結果卻在57歲被公車撞死。我引用父親的偶像記者戴門・魯尼恩(Damon Runyon)的話:「人生啊,是比賽打到6:5,你後攻。」父親答道:「我就盡力扳回劣勢嘍。」他可不是說說而已。

但另一方面,美國疾病管制預防中心及國家癌症研究院最近針對體重與健康風險進行的重大研究指出,過瘦的人(身體質量指數

小於18.5的人,像是183公分卻只有62公斤的男性,或168公分只有52公斤的女性)提早死亡的機率與過胖的人相同。過瘦的人一旦生病,身體會沒有足夠的能源儲量可用。父親很瘦,但還沒瘦到那種地步。

　　素食者比肉食者更長壽健康。日本人的飲食富含蔬菜及大豆製品,因此日本人的平均壽命比美國或英國人多3歲(美國人攝取的蔬菜中有四分之一是薯條)。沖繩居民攝取的熱量是一般日本人的80%,在全球百歲人瑞中占比最高(130萬居民中就有600位),比其他地方高了四倍。沖繩人的飲食中包含了大量豆腐、海帶和魚等延年益壽的食物。舉例來說,魚油富含的Omega-3脂肪酸比肉類中的飽和脂肪不容易硬化,較不會聚積於動脈壁上,可防止心臟病和中風。我父親喜歡引述道奇隊的黑人棒球鬼才投手薩裘・佩吉(Satchel Paige)的話:「別吃油炸肉品,免得觸怒血管。」

　　古代人的日常飲食包含了蔬菜、水果、堅果、漿果和大量脂肪含量低的肉類。現今與世隔絕的偏遠部落仍維持舊石器時代的飲食習慣。2002年有一項飲食、健康與疾病的研究,在比較58個傳統部落與工業社會之後發現:採獵者罹患心血管疾病及癌症的機率比已發展國家的居民還低,也就是說,你的飲食習慣和採獵者差異越大,你的健康狀況就越糟糕。當今美國人攝取的脂肪量是原住民的兩倍,蛋白質卻只有三分之一。食用動物性脂肪和加工糖類會增

加疾病的風險,反之,大豆、熟番茄和纖維素則分別可降低罹患乳癌、前列腺癌及結腸癌的風險。工業化社會人民生病主因是飲食習慣和祖先相去甚遠。

　　你攝取的脂肪量和罹患癌症的風險有直接相關。一般中國人的飲食裡,脂肪含量不到15%,美國大眾的飲食中則有39%的脂肪。中國人平均血膽固醇濃度每分升僅127毫克,美國人則為每分升212毫克。中國民眾的心臟病、結腸癌、乳癌、前列腺癌或卵巢癌的比例非常低,心臟病和癌症的案例皆發生在脂肪及膽固醇攝取量最高的地區。

　　道教發展了一套斬除邪魔「三尸」的食方。據信三尸蟲寄生於人體,會使人因病而死,因此得「辟穀」,斷絕小麥和米飯等五穀,以切斷三尸所賴以為生的穀氣,並以甘草、肉桂和人蔘等能滅絕三尸的神奇食材代之。其他可服用的藥材還包括藥草、根莖、礦物質,以及蛋、龜、仙桃、草木等動植物食品等。

　　想要延年益壽,除了節食減重這個公認的方法,你還得搬到鄉村、不把工作帶回家做、做喜歡做的事情、喜歡自己、養寵物、學會放鬆、把握當下、開懷大笑、聽音樂、每晚睡6~7個小時、最好能有長壽的父母和祖父母(長壽與否有35%是由基因決定);此外還有結婚、擁抱、牽手、定期做愛、兒孫滿堂、和母親相處愉快、接納孩子、照顧孫子;另外,要接受良好教育、多刺激大腦、學習

新事物；還要積極樂觀、以正面的方式抒發怒氣、自己不必永遠是對的；另外最好不抽菸、少吃鹽、偶爾吃點巧克力，並學習地中海式蔬果、橄欖油、魚和雞的飲食方式，喝綠茶和適量紅酒、運動；生活也要訂定目標、不怕冒險；多和朋友談心、不要排斥尋求心理諮詢；當義工、參與社區活動、上教堂、親近上帝。（以上42項裡面我爸做到了38項。）

這些研究對象是歲數在66~101歲間且比自己的兄弟姊妹平均多活了7年的人，研究人員發現他們有種共通特質：較長壽的人比較有幽默感。我父親很會玩好笑的文字遊戲（或者說至少以前會，這幾年他幽默感幾乎盡失），更擅長講笑話逗樂全場。他講的笑話比誰都好笑。他在1940和50年代甚至受邀至比佛利山莊最高檔的好萊塢派對說意第緒笑話。此外，平均而言，已婚人士活得比單身人士久（驚人的事實：男人結婚的好處比壞處多），在家中排行較大的壽命比較小的長，當母親的壽命比無子女的女性稍長，受過高等教育的人比高中輟學生多活6年，奧斯卡得主比未獲獎的入圍者多活4年，企業總裁的壽命比副總裁長，信教人士的壽命比無神論者長，高個子（男生超過183公分，女生超過170公分）比矮個子多活3年，不吸菸的人比吸菸者多活10年，瘦子比胖子多活7年，美國外來移民比原住民多活3年。日本人的平均壽命最長（82歲），非洲的贊比亞人最短（33歲）。百歲人瑞通常比較有主見、生性多

疑，而且比較務實。娜塔莉以前的托兒所老師現在是癌症照護門診的經理。她說：「每次都是混蛋康復得比較好。」我爸不是混蛋，但他非常自我中心（比別人自私嗎？可能他只是比較不會隱藏），而這個缺點似乎對他的健康或壽命沒有任何負面影響。

44歲的電視電影製片兼經紀人蓋文・波隆（Gavin Polone）一週工作6天，一天工作18個小時。他拒絕結婚生小孩，覺得那過時又麻煩。對波隆而言，小孩是不定時炸彈，隨時會讓人生變成鬧劇。他43歲的女友說：「很多人生小孩是為了要滿足自己扭曲又自私的願望。但事實上，我們反倒比較喜歡動物。」兩人養了三隻狗和五隻貓，都是從社區裡（比佛利山莊的大街上）的動物收容所救回來的。波隆每天早上4點45分起床，醒來時脈搏48下，早餐吃下淨重0.2公斤的穀物麥片，喝下0.9公斤的冷泡綠茶，每天攝取1800大卡熱量，主要來自蛋白粉和蛋白。他身高185公分，體重73公斤。脫口秀主持人歐布萊恩也是他的客戶。歐布萊恩說：「我初次見到蓋文時，他還只是經紀人助理。沒多久他就當上經紀人，然後是經理。現在他不但是製片人，還是健身教練兼賽車手。我想他九個星期以後大概就準備要登上太空了。我真的這麼覺得。他已經逐步攀升至某種超人境界，是007的厲害反派。每次我跟他講話，都會想像他的臉出現在聯合國的大螢幕上發號施令。」波隆希望能藉由節食減輕造成老化的身體負擔，好無限延長生命。他的另一名客戶強・托

特陶導演這麼說波隆:「他相信只要保持苗條,就能活得夠久,等到幹細胞研究進步到能幫他製造新器官,他就可以長生不老了。」

老人醫學研究機構(由人口統計學家、老人醫學家及流行病學家所組成的組織,專門研究高齡老人)相信,115歲是道無形障礙。至今只有12個人確實活到這個年紀。活到114歲的人很少能活到115歲。2001年至今已經有12個114歲的人瑞在115歲生日前夕過世。根據該機構研究,現在全世界有55個女性和6個男性超過110歲。而世界上最年長的人瑞是法國女性,她於1997年過世,享年122歲。不管你吃多少,做多少運動,過著多麼健康的生活,顯然你仍活不過125歲。在人類5000年的歷史裡,最長壽的紀錄並沒有太多變化。死於公元前55年的古羅馬詩人盧克萊修寫道:

人類生生不息,流傳

千世萬代

但死亡永遠定定等待

昨日殞逝的人

面對死亡的時日並不多於,也不少於

數月前,或數年前消逝的人

如何長生不老・二

目前全球有上千人正在實行「長壽運動」，他們相信人類能夠活到百歲，甚至獲得永生。參與長壽運動的人幾乎都是男性（在我父親家裡也常可見到他們的傳單）。女性身為生命的孕育者，對永生不朽似乎沒有這麼高的慾望。

雷・柯茲威爾（Ray Kurzweil）是美國國家科技獎得主，榮登國家發明家名人堂，曾著《奇幻旅程：活得夠久以求永生》（*Fantastic Voyage: Live Long Enough to Live Forever*），他從1960年代還年輕時便著手研究人工智慧。他相信人類在20年內就能長生不老（連我父親都認為自己可能等不到那一天）。為了確保自己活得到那一天，等到生技革命讓我們能夠控制基因表現方式且從根本上改變基因，並且活著見到奈米科技和人工智慧的革新，柯茲威爾每天吃250種補品，喝10杯鹼性水，10杯綠茶，定期檢查40~50項健康指標，裡面包括「觸覺敏感度」。柯茲威爾完全把我爸比下去，讓他看起來活像懶骨頭。

未來，上百萬個機器人（血液細胞大小的奈米機器人）能竄流全身，修復骨骼、肌肉、動脈及腦細胞，讓人類永保青春。這些奈米機器人就像血液和大腦裡的修復團隊，對抗疾病、再造器官、突破人類智慧的限制。而且在網路上就可以下載基因編碼的升級版本。你再也不需要心臟。

柯茲威爾說：「影響老化的基因不到100個。人類已經可以藉

由操縱這些基因,大幅延長簡單動物的壽命。我們和其他動物不一樣,不需要受制於大自然的變幻。生物演化已經交棒給人類文明和科技發展了。」他還說,人類三萬個基因就像「小型軟體程式」,我們將能夠阻絕致病基因,引進可減緩或停止老化的新基因。

加州低溫生物學研究公司「二十一世紀醫學」的物理學家布萊恩・沃克(Brian Wowk)說:「生命是化學,只要保存了生命的化學,就能保存生命。」

劍橋大學遺傳學家奧柏瑞・狄格瑞(Aubrey de Grey)說:「理論上,我們可以完全複製出活人大腦中上兆個細胞,只要在體外將神經元依據該大腦的掃描圖建構成突觸網絡即可。」

哈佛醫學院的遺傳研究學者荷奧・麥哲倫(João Pedro de Magalhães)說:「老化是經由性行為傳遞的疾病,可定義為體內依時而變的數種變異,會造成人體的不適與苦痛,最終導致死亡。也許我們的後世子孫出生時就不會有這種疾病了。」

分子奈米科技製造協會資深研究員羅伯特・雷塔斯(Robert Freitas Jr.)說:「只要每年檢查清理,偶爾進行大修,你的生物年齡就能年年維持在你所選擇的生理年齡。我想我們沒有理由拒絕停留在青春年華。10歲是最理想的生理年齡,但要留在那個年紀可能有點困難,大家可能也不會願意。將時光倒流到活力十足的青春期晚期或20出頭不但比較容易,也好玩多了。如此一來,我們可以將

生命年限後推700~900年。你還是有可能會意外身亡，但你的壽命將會是現在的10倍長。」嘿嘿。

他又說：「我們能發展到什麼地步？如果我們可以消滅99%導致自然死亡的可預防疾病，你的健康壽命或健康年限便能延長至1100年。你可能覺得以人類現有的軀體很難活到一、兩千年，這是因為過去100年來自殺及意外身亡的致死率居高不下，只稍稍降低三分之一。但我們最終獲得的勝利，是在本世紀末消滅自然死亡，將目前正常人的最長健康壽命延長至少10倍。」

但活了2000年以後，人生會不會變得窮極無聊？公元前一世紀，羅馬百科全書派學者老蒲林尼便記載了前人活到800歲，最後受不了只好投海自盡。

我父親現年97歲，看起來已經無聊到不可置信。他對任何事物都失去了興趣或熱情，日復一日、年復一年，只為了繼續維持生命而活著。伊蓮‧思卡瑞（Elaine Scarry）在《苦痛中的肉體》（*The Body in Pain*）一書中寫道：「當健康不再，身體就逐漸成為注意力的焦點，侵占了其他事物的位置。因此對於年邁病弱的人，他的世界僅侷限於伸手兩呎之內。他的感知與談話內容，也僅限於今天吃了什麼、排便是否順暢、病痛有沒有好一點、椅子好不好坐，或床好不好睡等等。」這就是我爸最近突然出現的狀況。他在幾個月前都還在積極鍛鍊自己，彷彿正準備要參加男子鐵人競賽。

紐西蘭人工智慧及數學家馬克・格迪斯（Marc Geddes）談到「大腦提神藥物」的可能性，可以「避免大腦失去彈性。未來的人可以任意更換身體及性格，就跟我們現在換衣服一樣容易。現在的人會厭世，比較可能是實際及生物面的問題，而不是哲學上的問題。」

《死亡的臉》作者許爾文・努蘭談到柯茲威爾和他的幻想家朋友：「他們忘記他們所面對的，是人類對死亡與滅絕最原始的生物恐懼，而這樣的恐懼會讓他們無法理性行事。」

事證一：我父親曾聽過加州大學舊金山分校解剖學教授黑弗利克（Leonard Heyflick）的幾場演講。黑弗利克說，每個染色體末端都有尾巴，會隨著細胞分裂變得越來越短。久而久之，這些稱為「端粒」的尾巴會變得太短，以致功能受損，轉而使得細胞停止增殖。因此從人體端粒的平均長度可以看出這些細胞已經分裂多少次了，以及它們接下來還剩幾次可以分裂。也就是說，人類能活多久，早有內在限制。

英國詩人丁尼生在〈提托諾斯〉一詩中描寫天神賜予希臘神提托諾斯永生，卻沒賜予他永恆的青春。因此他祈求死亡：

……讓我走吧，收回您的恩賜。
怎麼會有人欲求
與眾不同，

或不甘平凡
不願停歇,不願接受所有人的宿命?
讓我走吧,讓我回歸塵土。

我父親倒不這麼認為。好樣的。

臨終遺言

指揮家伯恩斯坦:「這是什麼狀況?」

貝比魯斯:「我將越過山谷。」

清教徒牧師馬瑟(Cotton Mather):「就這樣嗎?我所害怕、祈求避開的死亡痛苦,就只是這樣而已嗎?喔,這我能忍受。我能忍受!」

公元前四世紀,希臘哲學家阿納齊修斯(Anaxarchus)受杵搗死刑,他說:「搗吧,搗這個裝著阿納齊修斯的缽。你搗的不是阿納齊修斯。」

美國空軍少校貝索(Norman Basell)載著爵士樂團團長葛倫·米勒(Glenn Miller)前往法國途中,飛機在英吉利海峽上方消失。他說:「怎麼了,米勒,難道你想永遠活著?」

德國哲學家尼布爾(Barthold Georg Neibuhr)發現醫生開給他的竟然是治療絕症的藥方:「這裡頭的成分是什麼?我已經走到這一步了嗎?」

在十八世紀藝術家考夫曼(Angelica Kauffmann)的病榻旁,表弟唸起給垂死之人的讚美詩。她阻止道:「不不,約翰,我不要聽那個。唸第128頁給病人的讚美詩。」

美國中央鐵路局長范德比爾特(William H. Vanderbilt)在1885年說:「我此生的喜悅與滿足,比街口那個身價只有50萬的鄰居還不如。」

普魯士的腓特烈大帝:「我受夠統治奴隸了。」

普魯士的瑪麗露意絲皇后:「我是皇后,卻連移動臂膀的能力都沒有。」

伊利莎白女王一世:「我願以一切所有,換取片刻時間。」

西班牙國王腓力三世:「主啊,但願我從未君臨天下,但願我隱居山林,但願我與主親近,那麼我臨終之時將多麼安詳,我將更能坦然迎向主。過去所有的榮耀,除了帶給我折磨,還給了我什麼好處?」

英格蘭樞機主教亨利・波福(Henry Beaufort):「我的財富也救不了我嗎?怎麼,沒辦法賄賂死神嗎?」

作家亨利・詹姆斯:「這了不起的東西終於來臨了。」

亨利八世第二任妻子安・博林:「我相信劊子手是高手,而我的脖子相當纖瘦。」

法國瑪麗皇后不小心絆到劊子手,她說:「先生,請您原諒我。我不是故意的。」

英國查理二世臨終時讓眾人等了許久才斷氣:「我太過分了,拖了這麼久,請各位見諒。」

十七世紀的英國桂冠詩人岱文南爵士(William Davenant)的最後一篇詩作終究還是無法完成:「遭遇像死亡這樣的重大試驗,我早該請假停筆。」

法國作家拉伯雷（Rabelais）如此陳述死亡：「我要追尋這偉大的可能性。」

幽默作家詹姆仕・瑟伯（James Thurber）說：「上帝保佑我們，也詛咒我們。」

科幻作家威爾斯：「我早就說過了，上帝饒不了誰。」

英國古生物學家法蘭西・巴克蘭（Francis Buckland）進行漁業稽查時說：「上帝對小魚這麼仁慈，我不相信祂會讓小魚的稽查員死於船難。」

比利時小提琴家與作曲家尤金・易沙意（Eugène Ysaÿe）聽完別人演奏他的第四奏鳴曲說：「太棒了。只是最後一個樂章奏得稍微急促了點。」

十八世紀的英國演員詹姆士・奎恩（James Quin）：「我想結束這齣悲劇，但我希望能莊重地演完。」

當有人說起「死亡一定很難」時，演員愛德蒙・葛恩（Edmund Gwenn）的回應是：「是沒錯，但不會比演鬧劇還難。」

百老匯製作人弗洛・齊格菲（Flo Ziegfeld）：「降幕！快節奏的音樂！燈光！準備謝幕！很好！很棒的演出！很棒的演出！」

終生滴酒不沾的英國科學家詹姆士・克羅爾（James Croll）：「給我喝一丁點，我想現在學喝酒也沒什麼好怕的了。」

十八世紀的社會學家孔德：「真是難以彌補的損失啊！」

達文西：「我冒犯了上帝與人類，因為我的作品沒有達到應有的水準。」

英國報業鉅子比弗布魯克勳爵（Lord Beaverbrook）：「這是我的遺言：是我該重新從學徒做起的時候了，不過我還沒想好要學什麼。」

馬基維利：「我想下地獄，不想上天堂。因為在地獄我有教皇、國王和王子相伴，在天堂只有乞丐、和尚和使徒。」

伏爾泰看著病榻旁冒出火焰的燈台說：「已經準備要火葬了嗎？」

美式足球堪薩斯城酋長隊跑鋒史東・強森（Stone Johnson）在比賽中頸椎斷裂而死：「天啊，天啊！我的頭呢？我的頭呢？」

1864年美國內戰指揮官賽威奇克將軍（John Sedgwick）在史波特斯凡尼亞一役中遭狙擊前從矮牆望向邦聯軍：「這種距離，他們連隻大象都打不⋯⋯」

1675年死於法國薩斯巴赫戰役的蒂雷納子爵（Vicomte de Turenne）：「我本來沒打算要今天死。」

俄國革命分子貝斯托節夫（Bestoujeff）受絞刑時繩子斷裂：「我做什麼都不會成功，就連這次也失敗了。」

神聖羅馬帝國國王約瑟夫二世：「我的墓誌銘要這樣寫：這裡葬著約瑟夫，他做事沒一樣成功。」

一位劇作家請法國劇評家布瓦洛（Nicholas Boileau）過目他的新作品，布瓦洛答道：「你是想害我早點死嗎？」

　　王爾德病逝於巴黎一家品味低俗的旅館。臨終前他說：「我的壁紙跟我決一死戰。不是它死就是我亡。」

　　美食家查爾斯（Charles d'Evereruard）臨終前，神父問他是否願意與上帝和好。他回答：「我倒是由衷想與我的胃和好，它已經不再正常發揮功能了。」

　　費德勒‧莫易茲（Frédéric Moyse）因為殺死自己的兒子被送上斷頭台：「什麼，你們真要處決一家之主嗎？」

　　詩人朗費羅對妹妹說：「他們連妳都叫來了，表示我一定病入膏肓。」

　　英格蘭醫生喬治‧佛戴士（George Fordyce）打斷正在為他朗讀的女兒：「停停停，出去出去。我快要死了。」

　　法國動物學家巴隆‧居維葉男爵（Baron Georges Cuvier）看著女兒啜飲他婉拒的檸檬汁，說：「看到心愛的人還能吞嚥真讓人開心。」

　　美國報紙專欄作家麥金塔（O. O. McIntyre）對太太說：「妳可以轉向這一邊嗎？我想看看妳的臉。」

　　英國第一位女議員愛斯特女士（Lady Astor）臨終前全家隨侍在側。她問：「我要死了嗎？還是今天是我的生日？」

歌德說:「再給我多點燈光。」

印地安酋長烏鴉爪(Crowfoot):「再不久我將離開你們,前往未知的地方。我們不知從何處來,也不知往何方去。生命是什麼?生命是黑夜裡螢火蟲的閃閃螢光,是冬日裡水牛的喘息。生命是一抹陰影,在青草上奔跑,在夕陽下消逝。」

佛陀:「萬法自性仍歸於滅。」

作家葛楚德・史坦(Gertrude Stein)問同居女友愛麗絲托克勒斯(Alice B. Toklas):「答案是什麼?」見托克勒斯沒回答,她笑道:「這樣的話,問題是什麼?」

除夕,德國詩人雅各比(Johann Georg Jacobi)寫完一首新年的詩後說:「事實上,我是無法親眼見到我剛剛讚頌的新年了。」

費城首份報紙的發行人安德魯・布萊弗(Andrew Bradford)說:「喔,主啊,請原諒我報紙裡的錯字!」

十七世紀法國耶穌會士多明尼克・卜霍斯(Dominique Bouhours)是當代的語法學家:「我將要——或正要——死去,兩種語法都可以。」

詹姆士一世之子,威爾斯王子亨利如此回答旁人問他是否很痛苦:「我想說『一點點』,但我發不出那個音。」

馬克思的管家問他有什麼遺言,他說:「滾開,出去。嫌自己話還沒說夠的笨蛋才會講遺言。」

墨西哥革命軍領袖潘喬・維拉（Pancho Villa）：「別這樣就結束，告訴他們我有交待遺言。」

我母親的遺囑寫著：「對於身後事，我希望遺體火化和處理骨灰的方式一切從簡。我原先想要捐贈心臟、腎臟和角膜以供移植，但得了癌症不可能再捐贈器官。我知道火化並不符合猶太戒律，但我覺得這是處理遺體最合理的辦法。我不想要舉行宗教儀式，但希望追悼會能讓親朋好友共聚一堂，彼此扶持打氣。我會無怨無悔離開這個世界，因為我度過美好的一生。願各位未來一切順利。祝平安。」她面對死亡時是多麼安詳。

我父親的遺言會是什麼？

我的遺言會是什麼？

明星血統・三

1970年代初期，我同父異母的姊姊愛蜜莉在奧瑞岡一家汽車旅館擔任服務員。我父親解釋道：「不知道事情是怎麼發生的，但喬瑟夫・席爾克勞特和他老婆就剛好下榻於這家高級旅店。」愛蜜莉上前自我介紹，表明自己的身分，席爾克勞特於是給了她一頂「高雅的博爾薩利諾帽作為紀念。這頂帽子他總是瀟灑地斜戴著，像歐洲人那樣半遮著眼，展現萬人迷的風采。」姊姊將帽子轉送給我父親，他把它「收藏在衣櫥裡多年，但一定是在你媽過世後搬家時搞丟了。」

　　我轉述這個故事給愛蜜莉，她回信道：「關於席爾克勞特送帽子給我這件事：我完全不記得了！我確實在奧瑞岡加儂海灘的一家旅館工作過一陣子，但對於這位神祕的貴賓，除了在電影《安妮的日記》裡見過，其他我真的完全不記得了。我那陣子恍恍惚惚的，可能忘掉這件事了，但也有可能老爸又發揮他的想像力編了故事。真抱歉。」

　　我再將愛蜜莉的說法轉述給父親，他說：「那，那頂博爾薩利諾帽打哪兒來的？我清清楚楚記得愛蜜莉告訴我，她得知喬瑟夫住在她工作的奧瑞岡旅館後就跑去找他，說她父親本姓也是席爾克勞特。聊了幾分鐘後，喬瑟夫就給了她那頂帽子呀。以前所有的男演員都會戴帽子，他在舞台劇和大螢幕上也都會戴博爾薩利諾那樣的帽子。而義大利名牌博爾薩利諾帽就是他的風格。」

老年與死亡

不久之後,在一次奇特的巧合裡,我們家的老朋友打電話給父親,請他拿回他多年前留在他們那兒的兩箱雜物。「我打開其中一箱,箱子最上面放的就是1970年代初期席爾克勞特在奧瑞岡海灘送給愛蜜莉的帽子。我想你應該對我意外的考古發現會有興趣。」

沒錯沒錯,我是有興趣,但那頂帽子沒辦法證明什麼。我最近才發現席爾克勞特早在1964年就過世了,這表示,愛蜜莉可能為了討父親歡心編造了整個故事,或是我父親掰了這個故事,或是我把細節弄錯了,或證明了在家裡講話跟玩傳話遊戲沒兩樣,傳到最後總是錯誤連篇。但席爾克勞特的自傳《父親與我》裡有一張他在《安妮的日記》裡親蘇珊・史翠絲柏格(Susan Strasberg)額頭的照片,像極了老爸在兩張照片裡親愛蜜莉小時候的誇張演技。無論是從席爾克勞特、老爸或是我的照片裡,都可以看出我們渴望裝成美少男(我是到12歲以前,老爸到中年晚期,席爾克勞特則是一生都在追求這種形象),我們都有那種做作的姿勢、對著相機膜拜奉承、拚命要討好鏡頭、鄉巴佬的微笑、矯枉過正的入鏡姿勢⋯⋯

席爾克勞特對自己的情感相當漠然,這種感覺我太熟悉了,反倒覺得惱人。他寫道:「也許真實世界裡沒有所謂真愛,那些愛帶來的苦痛與狂喜只存在於舞台上。」而我也曾經寫過:「口吃的毛病讓你即便在表達愛恨與哀樂這麼基本又重要的情緒時,都無法完全放開。你首先意識到的永遠不是你真實的感受,而是該如何表達,

講話才不會一直兜圈子。所以你開始覺得情緒似乎只有別人才能擁有，那是屬於他人的快樂財產，至於自己，除非用虛偽迂迴的方式表達，否則永遠不會屬於你。」

　　我能找到最具體的證據，來自句法的聲音戲劇。喬瑟夫這麼形容父親魯道夫：「他熱愛文字的聲音，這聲音使他深深著迷。」他又這麼形容他母親：「她的生意頭腦敏銳，算錢永遠不會累。」我爸說：「你可以賭上全布朗士的布朗尼。」我爸寫道：「距離最後一次時事座談已經至少一年，但那決定性的一天所發生的一件大事，伍德湖的人還一直掛在嘴邊。」我則寫下這種句子：「我能找到最具體的證據，來自句法的聲音戲劇。」你找到共通點了嗎？看到我們押韻押不停的風格了嗎？我向父親指出席爾克勞特愛押韻的寫作風格、我的風格和我的寫作（以及口吃）風格的共通點，他回信說道：「說到喬瑟夫的風格呀，我想他合寫的這本《父親與我》是他唯一作品。那可能是自己寫的，也可能有別人幫忙。我不知道他的合寫人貢獻了多少，也不知道他自己貢獻了多少。至於我的風格呢？是嚴謹的新聞文體，特色就是（或是充斥著）太多太多押韻了。這是歐・亨利給我的影響：七、八歲的時候，我一遍遍地讀他的故事。我哥腓力在一次作文比賽中贏得了歐・亨利的全套故事集，我一股腦全看完了，並且（不幸地）全部吸納成我自己的風格。」

　　10年前，我告訴父親我有一天想去東歐尋根，他回道：「那會

是一場夢幻之旅──我倆一同在奧地利、德國和烏克蘭探索席爾克勞特家族的根源。你何時準備好,我就跟你去。那會是趟很棒的冒險。」(我們從未成行)。我跟他說,我最感興趣的,是聽他一遍遍重複他的故事,還有他總能不斷以舊題材創造出新花樣。他回道(這讓我終於了解父親的特色,也看到未來的我,和過去的席爾克勞特──我們的自覺意識都太過強烈了):「如果你要寫,你可能會寫到我如何濫用所謂『表哥,對啊,他們可能是我的二等表親』的關係,還有我如何一再重述(或是像大家常講的,一再消費)我和喬瑟夫在愛因斯坦追悼會上實際見面的故事等等。」

好吧,套用我爸的常用語,那又怎樣呢?找這些共通點,不是只為了貪婪地讓自己沾上明星血統嗎?不管怎樣,從親戚的回憶錄裡找到的共通點,算是什麼證據?他到底是不是這樣?他以前是不是那樣?我不知道,我無從知道,也永遠不會知道。那麼,是否有親戚關係對我來說為何如此重要?我何必在意我跟這個人有沒有關係?根據我爸的故事,還有席爾克勞特在《安妮的日記》裡的演出,他顯然不討人喜歡,演技也十分差勁啊。不過就是愛攀關係、攀權附貴、自抬身價嘛。我爸現在跟我說,他相信(雖然不能百分之百確定)我們跟聖地牙哥默劇二人組「席爾斯和亞尼」裡的羅伯‧席爾斯(本名羅伯‧席爾克勞特)有關係。我忍不住了:我想啊,嗯,那我跟布魯克‧雪德絲或許也有關係。在電影《無盡的愛》

裡頭，她的頭髮編著辮子盤成髮髻，在陰暗的紐約飯店房間裡哭著和大衛告別，我覺得她那一幕的嘴巴和下巴和我青少年時有點像呢。

性與死亡・四

1986年，丹尼斯・阿坎德執導了《美國帝國淪亡記》，裡頭對性愛高談闊論。17年後，他推出了續集《野蠻人入侵》（或譯：老爸的單程車票），大談死亡的話題。討論性愛的電影名為「淪亡」，討論死亡的電影叫做「入侵」，這是有原因的：

成群的長尾猴進食時，幾隻公猴會背對猴群，朝外圍揮舞生殖器以驅趕食腐動物。若有不知名的動物接近，公猴會勃起並露出嚇人的面孔。戰鬥機的飛行員在逃離險境時，體內釋放的大量腎上腺素（壓力下釋放的荷爾蒙）有時會引發射精。

法國的機械工程師路易斯・李爾德繼承母親的內衣事業，設計了一套兩件式泳衣。在他將泳衣公諸於世的前四天，美軍在太平洋一座名為比基尼的環礁上進行了原子彈試爆。1946年7月5日，雷亞爾的泳衣問世，不過他聲稱取名比基尼是為了讚揚島嶼之美，而不是紀念原子彈爆炸。

受絞刑的男性有時會勃起或高潮，這是脊椎斷裂引起的。當頸部下方的神經與脊椎切斷，隨之而來的抽搐會引發一種機械式、反射性的射精行為。法國畫家杜米埃的一幅版畫裡便描繪了布滿成串骷髏頭的酷刑室裡一被吊著的男人正在射精。法國情色作家薩德侯爵的作品《茱絲汀》（*Justine*）中，泰蕾絲為了協助羅蘭達到性高潮，把他吊起來一會兒。之後他驚歎道：「喔，泰蕾絲！喔，那感覺真是太棒了，比什麼都棒！」《尤里西斯》裡，平頭男孩「嚥下

最後一口氣。被絞死的他急劇勃起,精液透過衣服濺到鵝卵石子路上。貝林厄姆夫人、耶爾佛頓巴里夫人以及貴婦梅玟托貝依夫人紛湧向前,用手絹將精液蘸起。」英國病理學家史匹爾勃瑞(Bernard Spilsbury)的某篇驗屍手稿記載了二十世紀初絞刑犯的狀況:「這次沒有精液流出物」,表示這情況經常發生。史匹爾「勃」瑞。1865刺殺林肯的刺殺共犯行刑,從照片中也可以看到其中一位殺手包威爾(Lewis Powell)在絞刑中勃起。

十八世紀,柏斯威爾(James Boswell)經常在倫敦觀賞公開絞刑,後來喜歡上看死者的表情。有一次,犯人的身體還在空中扭動,他便直奔娼寮。他這麼告訴妓女:「我腦海裡有幅可怕景象,快幫我抹掉。」

不過說時容易做時難。米榭・韋勒貝克在《無愛繁殖》裡寫道:「減數分裂時染色體分離產生的單數配子是造成結構不穩定的原因。也就是說,有性生殖的物種注定生命有限。」

十九世紀的詩人及文學評論家法蘭西・帕爾葛拉夫(Sir Francis Palgrave)在《商人與修道士》(*The Merchant and the Friar*)裡寫道:「當脈搏初次悸動,纖維微微顫動,器官展現活力之時,死亡早已萌芽。在我們成形以前,狹長的墓穴早已掘好,那便是我們未來的葬身之處。」

比利時科學家朱爾・博爾代（Jules Bordet）在百年前寫下這道有名的公式：「生命是在持續受到威脅下保持平衡。」

有少女這麼說：「男生就像一按就有糖果出來的糖果盒，給他們看乳頭，小弟弟就站起來了。」

西班牙哲學家米格・烏納穆諾（Miguel de Unamuno）在《生命的悲劇意識》（*The Tragic Sense of Life*）中寫道：「活著就是要貢獻自己、延續自己，而延續自己與貢獻自己，正是邁向死亡。也許生育最無上的喜悅，僅僅是預先嘗到死亡的滋味，潑濺自己生命的精髓。我們與他人結合，但這就是分裂自己：最親密的擁抱便是最親密的毀滅。在本質上，性愛的歡愉與原始的顫動，都是復活的感動，是在他人身上復生的感動。因為我們唯有在他人身上，才有可能起死回生，延續自己。」

美國一個大學男生說：「我心目中的死神已經幾百萬歲了，但外表看起來只有 40 歲。」

吳爾芙 44 在歲時於日記裡寫下：「生命，正如我 10 歲時就說過的，實在非常有趣。如果要說有什麼不同，我想，44 歲的生命比 24 歲的生命更快速、更強烈，也更不顧一切，如同河川注入尼加拉瀑布（這是我對死亡最新的想像）。像所有事一樣積極、正面，令人興奮，這是極其重要的經驗。」

義大利詩人喬科莫・利歐帕迪（Giacomo Leopardi）寫道：「死

亡並非惡，因為它讓我們擺脫所有的惡。即便它奪走了所有美好事物，也帶走了人們對這些事物的渴望。老年才最是最大的惡，它剝奪了所有喜悅，卻留下人們對歡愉的想望，徒留無限痛苦。然而人們卻懼怕死亡，渴望長壽。」

英國劇作家湯姆・斯托帕（Tom Stoppard）：「年齡是換取成熟的昂貴代價。」

安東尼對埃及豔后說：「我將死，埃及，將死。」

《一個醫生的宗教信仰》（*Religio Medici*）作者湯瑪斯・布朗醫生（Thomas Browne）：「長期生存的習慣讓我們不願死亡。」

孔子知道自己將死，因以涕下。

人類皆有軀體，而軀體的生命皆有限。你也是其中之一。

二戰期間，我父親被分發到美軍新聞教育部。他的工作就是替軍隊上課，教授他們有關美國的盟友和敵人的知識，並發布新聞給軍人家鄉的報社。如果二等兵晉升為一等兵，父親就會寫份新聞稿給那個阿兵哥老家的報社，宣告他因為展現了「火線勇氣」和「軍人精神」受到提拔。1945年8月8日，沖繩營區裡的電台傳出日本無條件投降，並將在日本灣美軍艦上簽署和平條約的消息，我父親欣喜若狂，直奔軍隊食堂，告訴負責伙食的中士，他要負責煮早餐給部隊裡120個士兵吃。

中士告訴父親,你瘋了不成,等到成群結隊的人跟你抱怨炒蛋太硬、鬆餅太薄,你就會想走人。老爸則告訴中士,沒人擋得住我,連麥克阿瑟都阻止不了我。

中士說,好吧,那至少讓我打蛋拌鬆餅粉。父親答應了,繫上圍裙。第一個前來排隊的士兵問到今天菜單是什麼,父親唱道:「法式土司夾馬糞!喔不,是日本宣布投降日的特餐:炒蛋、培根、鬆餅盡情吃,香濃咖啡盡量喝!」

但顯然父親並非不死之軀:

我最近一次去探望他時,他跟過去一樣,不斷對我的身材品頭論足,並一再叨念我單手駕駛的安全堪慮。此外,他也沒忘了問是否幫娜塔莉報名游泳課了(他很怕她會掉到華盛頓湖裡淹死),而我們到百貨公司買娜塔莉的生日禮物時,一樣還是要我出錢。看來他想要帶走他那不甚龐大的財產。

隔天早上我依約帶他去吃早午餐,只是遲到了15分鐘,就見他一個人抽抽噎噎。他擔心我出車禍死了,於是打電話到我的飯店、打給一一九,甚至打給遠在西雅圖的蘿莉打聽我的下落。到了餐廳,他大肆批評湯的調味淡到不能再淡,但又不願意任何重口味的調味料阻礙他品嚐食物。

幾個月沒見到父親,我很訝異他竟衰老得這麼快:他在狹小的

公寓裡拖著腳走路（他新的癖好是把東西丟光，因此公寓幾乎空空如也）；他的呼吸既大聲又吃力；他的眼睛呆滯扁平；左耳後方垂著一袋老皮；他左耳一部分在皮膚癌手術中切除了；他時而腹瀉，時而便秘；他常忘了拉拉鏈。

　　在等電影開演時，他問我的性知識是什麼時候從哪兒學來的。後座的觀眾聞言捧腹大笑。雖然現在才給我性教育好像有點太遲了，我仍大聲回答他（他的助聽器有點故障）：我參考了很多不同的資料來源。由於助聽器故障，他覺得電影有看沒懂。後來我們在戲院的燈亮前先行離開，他走樓梯時不小心跌了一下，引來觀眾一陣驚呼。

　　回家後他寫信給我：「我老是很疲累，一年前，我還能游個十幾趟，現在只能游三四趟。我常常很想睡覺。在安眠藥的幫助下，我每天分兩個時段睡覺，從晚上九點半睡到早上四點半，起床吃個早餐，然後再回去睡個幾小時，偶爾中午還會再睡一個小時。我以前很常去伍德湖的十八洞小型高爾夫球場推桿，現在一點都不想去了。我已經幾個月沒去了。往好的方面來說，我每天還是會去健身房運動30分鐘，通常是去踩腳踏車。我都午餐後去，像是強迫自己行軍，但我還是會去，我也很高興我還有這個意志力。總而言之，正如你所說，現在這些最令人頭痛的問題，歸根究柢就是因為我年紀大了。97歲已經不比79歲。」要父親這樣不甘不願地承認部分事實，已經是相當大的退讓了。

從頭到尾,最後一次說這個故事

生殖的工作一旦完成,你就喪失了存在價值。

性成熟以後,人體的效率便開始走下坡。套用喬治梅森大學生物學教授哈洛德・莫洛維茲(Harold Morowitz)所說,這是因為「完美的結構得靠無盡的努力來維持」,且退化是會逐漸累積的。

十九世紀末期,德國生物學家奧古斯特・韋斯曼(August Weismann)將人體區分為不朽壞的生殖細胞和必朽壞的體細胞。「生殖細胞負責將基因傳給下一代,生命得以延續,而其餘的體細胞則會衰老死亡。」他說死亡會發生,是因為耗損的細胞無法不停自我修復,靠細胞分裂的增生能力也有限,無法長長久久。

身體完成任務以後,大自然對你接下來的死活就沒有興趣了。物種的生殖年限和壽命會盡可能配合得天衣無縫,也就是說,生理資源是為了要讓身體進行繁殖,而非延長壽命。

天擇的影響力也會隨著年齡遞減。在天擇的機制下,人類在40歲之後逐漸老化,死亡的機率也越來越高,畢竟過了生育年齡的人得了疾病,對整個物種的存活來說基本上不會有重大影響。

自然傾向於累積在生命早期有益的基因,即便這些基因在晚期可能會造成危害,但在正常情況下,大部分動物的壽命還無法長到讓有害影響發揮作用。防止罹癌的機制與防止老化的機制相同。長壽的物種由於細胞保護機制較佳,罹癌的時間比短命的物種晚。

腦部的松果腺是身體內建的時鐘。它知道你的年齡,也知道你

是否過了繁殖黃金期。一旦松果腺認為你已經太老，無法有效生育（約45歲時），它便會減少褪黑激素的分泌量，通知身體其他系統可以開始故障並老化（女性松果腺較大，這是女性老化速度較男性慢且較長壽的原因之一）。

　　褪黑激素濃度降低，免疫系統隨之關閉，內分泌系統製造的性激素便跟著減少。性激素減少以後，男女的性器官也會隨之萎縮，性慾及性能力雙雙下滑。不過我父親的性愛系統是在邁入90歲以後才終於關機。

　　蛾到了成蟲晚期會模仿幼蛾的動作，以保護幼蛾不受天敵捕食，不惜犧牲自己的生命以養育下一代。其實我說了這麼多，想要表達的只是：個體生命並不重要。老爸，你在這個大環境底下並不重要。我也不重要。我們僅僅是細胞生命網格上的載體。我們都承載了10~12個可能致命的變異基因，然後遺傳給子孫——你傳給我，我傳給娜塔莉。為了讓基因永存，我們付出了老化以及死亡的代價。你認為這樣的知識太傷人，我則覺得它令人振奮且帶來解脫。生命在我看來是多麼簡單，多麼可悲，卻又出奇地美。

臨別訪談

有人問及古生物學家史蒂芬・古爾德（Stephen Jay Gould）生命的意義為何，他說：「我們會在這兒，是因為一群奇怪的魚長出了奇特的鰭結構，而鰭結構又變異成陸生動物的腿；是因為彗星撞地球，消滅了恐龍，讓哺乳類動物有機會生存；是因為地球在冰河時期從未真正結凍；是因為25萬年前，源於非洲一支小型又脆弱的物種想方設法存活至今。我們可能想要找尋更『崇高』的答案，但這樣的答案並不存在。」（達爾文談到演化論：「這是對生命抱持著莊嚴偉大的看法。」斯托帕則這麼說演化論：「我一直認為上帝存在這種想法非常荒唐可笑，但比起『只要時間夠長，某種綠色的黏稠生物也能寫出莎士比亞的十四行詩』這種說法，又稍微有點道理。」）

懷俄明州夏延市一家打撈公司的老闆羅伯魏柯斯克說：「動物都有求生本能，不惜與死神一搏，即使是已經在響尾蛇口中的囊鼠，都會想辦法掙脫。但響尾蛇抓住牠以後，牠就沒轍了。人類也是一樣。我看過動物的掙扎，動物的困獸之鬥。牠們知道自己將死，但仍會奮力求生。我們活著沒有什麼特別的原因，只是因為我們有生存本能。不過我不是這方面的專家。」

計程車司機胡賽馬丁內茲說：「我們生來就是要死的，生，然後死。我偶爾釣釣魚、帶女兒出去玩，繳稅、讀點書，然後就準備翹辮子了。你如果不是在這兒，就是死了。就像風一樣。你走了以後，其他人會來接替。我們終究會摧毀自己，現在做什麼都沒用，

來不及了。你得接受這個事實。這個世界病了,唯一的療法就是核子戰爭。夷平這一切,然後重新開始。」

伍迪・艾倫:「我們獨自在宇宙中隨波逐流,因挫折和痛苦而在彼此身上宣洩駭人的暴力。」他這次講話沒有笑點了。

英國經濟學家威爾弗・貝克曼(Wilfred Beckerman):「人類不會僅僅只是演化過程中一閃即逝的光點,這樣的機率微乎其微。」

饒舌歌手Ice-T:「我們來這裡把頭伸出水面一分鐘,四處看看,然後潛回水裡去。人類只是巨大叢林中的另一種動物。我們有很多不同的本能,都是動物本能。我們殺戮是因為憤怒或需要食物,我們生育是因為感覺很好,又想要照顧別人。你有了小孩以後,你看著他們,彷彿又看見了自己。你了解到:『啊,這就是我們來到世上的原因。』人生苦短,而你終將會死,所以你得讓別人也把頭伸出水面。人生要做的事,不過是打發時間,然後等待下一代出現。放輕鬆,生個孩子吧,延續我們的物種。」

某個墓園的副主任尼可拉斯・凡士洛奇說:「剛開始,當掘墓人這個工作挺困擾我的,因為你整天看到的都是哭哭啼啼的家屬。你抬著棺材,想像誰在裡面。尤其是那些早夭的孩子,更讓你感觸良多。他們的棺木是白色的,代表純潔,而且也比較小,大概只有三呎長。他們還來不及體驗就走了,彷彿什麼東西被剝奪了一樣。你看到那只白色的小棺材,就會珍惜你自己稍縱即逝的人生了。」

父親97歲大壽前,我問他在漫漫人生中學到了什麼。他說:「要有長壽又健康的人生,祕訣就是每天運動,30分鐘也好,別讓任何事情阻礙你運動。」我連忙解釋我問的不是長壽的祕訣,而是他對於漫長生命感受到的意義。他聳聳肩,說了些老掉牙的「真理」:「老化只有一件事情讓人感到安慰,那就是我不必重來一次。」「死亡很容易,大家都辦到了。活著才叫難。」「總的來說,現在的世界比1910年的紐約布魯克林還要美好。」最後這句話讓他想起,如果他當初繼續完成學業,從紐約市立學院獲得學士,然後取得哥倫比亞大學的新聞學碩士,那麼也許他就能完成他的夢想,成為紐約時報的體育記者(追隨他的偶像瑞德·史密斯的腳步)。不過這又讓他潸然淚下,所以他草草結束了這個話題,說:「我們去走走吧。」於是我們就出去散步了。父親現在再也不打網球、高爾夫球或慢跑。他曾經說過他無法想像沒法每天繞著伍德湖至少跑五圈,但現在他連走完一圈都有困難,三五不時就得坐在板凳上歇息。

這可能(他大概也會這麼說)是因為他一再延期的結腸鏡檢查終於在前幾天完成了。那天回家途中,他一路上都在抱怨護士如何不尊重他,還有他在這個徹底清空屎尿的過程中有多麼屈辱。檢查結果:沒有癌症,什麼都沒有,只有輕微的憩室炎,算是很容易根治的疾病,但他現在為此相當抑鬱煩憂(我現在明白,對他來說,抑鬱煩憂就是生命力的代名詞)。

給父親悼文的筆記

1930年初,父親在東岸擔任小聯盟的裁判,有時候會與艾米特‧艾許弗德(Emmett Ashford)搭檔。艾許弗德喜歡出風頭,30年後更成了大聯盟第一位黑人裁判。有些人認為我父親滑稽的裁判風格只是「艾許弗德的白人版」。我們會去看巨人隊比賽,不是因為柯法斯主投或有免費球棒可拿,而是要專程去看艾許弗德當裁判。整場比賽只見老爸拿著望遠鏡盯著艾許弗德看,不時回頭跟我說:「艾米特要判好球了」,或「那球艾米特站錯位置了」,或是「那傢伙要是再廢話,艾米特準會把他驅逐出場」。然後我抬頭,就會看見艾米特把那人趕出場外了。

　　在金門公園打球的不是大聯盟,也不是小聯盟,是叫做什麼工業聯盟的東西:機械工隊對抗會計師隊,太平洋瓦電公司隊對抗西部航空隊。但他們打的是血腥暴力的硬式棒球,站在場邊的球員太太像暴怒的高中女生嘶聲加油,而我爸就是場上的裁判。星期天早上,他會拎著釘鞋和金屬面罩,藍色的制服下穿著胸部防護罩,口袋冒出一支用來清掃本壘板的刷子。我永遠不會忘記我第一次看他當裁判。

　　那個場地算不上是體育場,只是一片沒有圍欄的偌大草坪。草地上倒是有棒球壘包,也有選手休息區和半圈看台。我站在護網後方,看丹尼餐廳隊對上喜互惠超市隊。我對這兩隊的輸贏沒有興趣,幾局過後就開始四處尋找父親的身影。我想他應該是下一場的

裁判，但突然間我發現蹲踞在捕手後方穿著藍色制服的彪形大漢就是老爸。在美國，某些地區、某些聯盟和球場的觀眾習慣把經濟不景氣和性生活不美滿的怨氣發洩到形影單隻的裁判身上，但在舊金山的金門公園，在1966年夏天的那個週日，觀眾並沒有這麼做。

丹尼餐廳隊和喜互惠超市隊的表現不如水準，因此父親很快就成了全場焦點。打者被三振出局以後，老爸會模仿他如何義憤填膺；打者被保送，老爸會跟著跑到一壘以加快比賽節奏。他是場上唯一的裁判，因此球飛到外野時，他得衝到邊界確定球員是否接到球；球落到內野，他又得先衝到一壘就定位。一旦判定安全上壘，他會攤開雙臂並上下揮動，似乎正要展翅高飛。宣判出局時，他拇指迅速向下比，身體整個向右側倒下。換局時，他還會拿著三顆棒球大玩雜耍。

從早上十點到晚上六點，他工作了一整天，站了四場漫長的比賽。最後一場比賽結束時，觀眾報以鼓掌。那只是輕輕地、禮貌性、稀稀落落的掌聲，也可能是幫勝隊鼓掌。但對我而言，那卻是感謝裁判的如雷掌聲。我起身，也一起鼓掌，為父親歡呼。

我這生的兩樣最愛：語言和運動，都是父親教我的。我已經不是運動健將。我背痛、肩膀有肌腱炎，膝蓋也出了毛病。我的鞋子裡裝了矯形器平衡我的長短腳，最近脖子還有莫名酸痛。老爸高齡97，

最重大的毛病卻只有網球肘。每逢下雨天他心情就會變差,因為如此一來他就只能上健身房,不能先去操場走走。直到前陣子,他大部分的日子還是會去游泳,也打高爾夫球,偶爾打打網球。他是我看過最有活力的人。他寫過全家人去鮭魚河泛舟的記事:「隔天早上,我六點就起來去撿火種和木柴了。其他人還舒服地蜷在睡袋裡,只剛好趕上七點半的早餐。」

6歲起,我和老爸每天早上第一件事就是讀體育版。我最喜愛的回憶之一就是20年前我倆在黑暗中坐在沙發上聽收音機轉播巨人對道奇的比賽。到第十局時,麥克‧馬歇爾為道奇隊擊出一支三分全壘打,我們轉頭對看,發現兩人竟都淚眼汪汪。

運動比賽維繫了我們的感情,文字亦然。我很欣賞他對文字遊戲的喜好,他那又冷又難玩的文字遊戲。我也崇拜他說笑話和說故事的功力。我大學畢業典禮前夕,我們參觀了羅德島歷史學會的約翰布朗故居。當導覽員滔滔不絕地講解著官方版的美國史,我們則不斷壓抑想笑的衝動,一直忍到走進隔壁房間才爆出笑聲。就像一則汽車保險桿上的貼紙:「顛覆主流思想」。這已經是文化的老生常談,但當年卻是父親教導我如何做到這一點:質疑普遍信念、堅持自己的觀點,將語言當做遊樂場,將遊樂場當做極樂。他教我如何熱愛從我口中吐出的、從打字機寫出的文字,如何喜歡處於自己的身體裡,喜歡處於自己的而非他人的皮膚底下。

1945年5月，我父親和五千名士兵搭著美軍運輸船從西雅圖前往沖繩。他在船上打了三天三夜的撲克牌，中途玩家只有在上廁所、吃飯和睡覺時會起身。他們都聽說了一個月前死傷慘重的海軍登陸沖繩島戰役，所以船上瀰漫著聽天由命的「明天我們就要赴死」和「管他的，不過是錢而已」的氣氛。

　　到了第三天，父親已經贏了1000元。他們玩的是七張牌梭哈，他抽的前兩張都是老K，馬上下了最高注兩元，想要讓其他玩家打退堂鼓。這是祖父教他的撲克牌技巧。抽到第四張牌時，老爸又抽到一張老K，此時他已經握有一手所向披靡的好牌了。

　　抽第五張牌時，牌桌上只剩下兩名玩家：老爸和來自喬治亞州的年輕二等兵「叛逆」。

　　父親下注兩美金時，叛逆說：「啊，加碼啦，中士。兩美金，我再加兩美金正好。」

　　父親猜想叛逆可能有一對或是順，就丟進兩美金跟注。他從祖父那兒學到的另一課：別讓其他玩家唬住你，尤其牌桌上只剩你們兩家時更是如此。他說：「你得讓他們說實話，即使你得掏出最後一個硬幣跟注都值得。切記切記。」

　　到了第六張牌，我父親先下了注，叛逆又加碼到兩美金。老爸手上已經有四張K，看對方秀出的牌，他想不到對方有什麼牌能贏四張K。我父親再次跟注。

發最後一張牌時，父親說：「看加碼的人嘍，看你嘍，叛逆。」

　　「你得花四美金才能跟喔，中士。」他說，引來身旁同伴一陣訕笑。

　　父親再次跟注，然後問叛逆手上有什麼牌。

　　他說：「我有同花順。」一邊開始搜刮桌上的75美金。

　　父親說說：「叛逆兄，這恐怕還不夠好呢。」接著秀出他的四張老K。

　　叛逆把手中的牌一摔：「你玩牌活像該死的猶太人！」根據父親轉述，叛逆拖長了音，把「猶」這個字念成好幾個音節，聽起來像「咿─歐歐歐」。

　　放飯的哨音響起，大家一哄而散。父親問叛逆：「你為什麼說『玩牌活像該死的猶太人』？」

　　叛逆說，他爸告訴他所有猶太人都是撲克牌高手。老爸說他布魯克林的一些朋友很不會玩牌，牌技跟叛逆和他的同伴一樣差。（祖父只要拿到好牌，整個人就變了樣。他會將椅子挪近牌桌，用意第緒語說：「Ubber Yetz」，意思大致上是「好的，現在……」然後準備大展身手。其他玩家看他這樣，便會笑說：「嗯，看來山姆有一手『Ubber Yetz』牌了，誰要跟？」但他會這麼說：「玩笑開夠了喔，「你們是來玩牌的嗎？我賭25分，誰要跟？」一兩個玩家會繼續待在牌桌上，但最後通常祖父會贏光所有賭金，不過賭金從來不

多。」父親告訴叛逆他是猶太人。叛逆不相信。父親金髮藍眼,曬得皮膚黝黑。老爸說,如果到廁所去,他就可以給他看證據:他有割包皮。叛逆這才說他信了。

喜劇演員丹尼‧凱(Danny Kaye)跟父親是一四九公立高中的同學。1950年中期,我剛出生沒多久,丹尼在好萊塢露天劇場表演,我父母和幾個朋友都前往觀賞。中場休息時,丹尼走到舞台中央,問有多少觀眾是從布魯克林來的,不少人舉起了手。他又問,有多少人高中念的是一四九公立高中,大概十個人舉手。他再問有誰還記得一四九公立高中的戰歌。這下老爸是在場唯一還高舉著手的人。丹尼凱說:「很好,我們來吧。」然後請樂團起了個音。母親抓著父親的衣服說:「米爾,你這樣讓我很丟臉,拜託你坐下。」身旁的朋友勸老媽放輕鬆。丹尼凱和父親就這麼唱起母校的戰歌:

　　吾校一四九
　　我們不畏逆境,穩健實在
　　永遠與汝同在。
　　喝采吧,喝采
　　高高飄揚,旗幟紅白
　　讓我們大聲喝采

對一四九忠誠永在。

全場為之瘋狂。

我最新的夢境是這樣的：在沙漠中，父親脫下靴子，抖出裡頭的石塊、沙子和枯葉。四周蜥蜴匍匐，找尋岩石和灌木叢下的陰影。他旋開水壺的蓋子，裡頭卻空空如也。

他說，你把水喝光了。

我說，對，我剛剛很渴。

他說，我們只剩那些水了。我們死定了。

不遠處有一株巨大的仙人掌聳立。

我們比賽看誰先跑到仙人掌那兒取水，我說。

他取下腰間的水壺，卸下肩上的背包遞給我。他向前雙手摸地，屈膝伸展雙腿，並聚集了一些沙堆當起跑器，擺好起跑姿勢。他的雙腳埋在沙中，弓著肩膀抖動，像隻捕鳥獵犬般，直直地向前望。他擺動身子，直到一切就定位。他相當認真。

誰幫我們鳴槍？我問。

我們自己，他說，朝地上吐了一口痰。各就各位。

你確定嗎──

預備。

我不希望你──

跑！他說。他的起跑非常完美，我覺得他可能偷跑。我追在他身後跑，一邊喊著，為了公平起見，我們應該要重新開始，但他沒理我。他握緊雙拳，邁開步伐，揚起地上的碎石。繞著沙漠，我們一路閃躲岩石和灌木，終於接近了巨大的仙人掌前：四支樹莖自主幹向上彎曲，中間9公尺的主幹則高聳向上，像根粗厚的綠色指頭。

靠近他時，我可以聽見他在喘氣，但我自己也沒好到哪裡去：我的頭上下晃動，頸部肌肉緊繃。他膝蓋抬得更高了，幾乎高到胸部。他擺脫我，一邊嘶吼，朝著仙人掌跑去，使勁跨開大步，雙手雙腳既協調又有力。

我膝蓋發軟，狗吃屎般跌進沙裡，雙手攤開撐住自己。我的手被岩石擦傷。老爸從口袋裡拿出一把小刀，切開仙人掌底部的莖，以雙手接水來喝。他贏了。他又贏了。他總是贏家，只是到最後，他終究會輸。到頭來，我們通通都是輸家。

人是奔向死亡的存有

THE THING ABOUT LIFE
IS THAT ONE DAY
YOU'LL BE DEAD

人都會死──
所以我們知道如何活著

作　　者	大衛・席爾
	David Shields
譯　　者	陳映均
封面設計	李文志
內頁設計	黃暐鵬
全書插圖	游金
行銷企畫	柯若竹
責任編輯	宋宜真
總 編 輯	賴淑玲
社　　長	郭重興
發行人兼出版總監	曾大福
出 版 者	大家出版社
發　　行	遠足文化事業股份有限公司
	231 台北縣新店市中正路506號4樓
	電話　(02)2218-1417　傳真　(02)2218-8057
	劃撥帳號　19504465　戶名　遠足文化事業有限公司
印製	成陽印刷股份有限公司　電話(02)2265-1491
法律顧問	華洋國際專利商標事務所　蘇文生律師
定　　價	280元
初版一刷	2011年3月

國家圖書館出版品預行編目資料

人都會死,所以我們知道如何活著／
大衛.席爾(David Shields)著；陳映均譯.
－初版.－臺北縣新店市市：
大家出版：遠足文化發行，2011.3
面；公分
譯自：The thing about life is that one day you'll be dead
ISBN 978-986-6179-11-2（平裝）
1.席爾(Shields, David, 1956-) 2.傳記
785.28　　　　　　　　100002014

◎有著作權・侵犯必究◎
──本書如有缺頁、破損、裝訂錯誤，請寄回更換──

The Thing about Life Is that One Day You'll Be Dead @ 2008 by David Shields
Complex Chinese language edition © 2011 by Common Master Press
Published in agreement with Dunow, Caelson & Lerner Literary Agency
Through Grayhawk Agency
光磊國際版權經紀有限公司